Vor-Lieben

Vor-Lieben

Poesie des Alltags

Marianne Hartwig

Bibliografische Information Der Deutschen Bibliothek:
Die Deutsche Bibliothek verzeichnet diese Publikation in der
Deutschen Nationalbibliographie; detaillierte bibliografische
Daten sind im Internet über <http://dnb.ddb.de> abrufbar.

Copyright © 2017 Marianne Hartwig
Layout und Gestaltung: Chris von Gagern (www.art-transfer.net)
Umschlag: Gemälde *Mittsommer* von Gerlinde Mader,
Herstellung und Verlag: Books on Demand GmbH, Norderstedt
ISBN: 978-3-7460-4404-0

„Die Welt zu durchschauen
Sie zu verachten, mag großer Denker
Sache sein. Mir liegt einzig daran,
die Welt lieben zu können
Sie und mich und alle Wesen
mit Liebe und Bewunderung und Ehrfurcht
betrachten zu können…"

Herrmann Hesse

Inhalt

Vorwort

Vor-Lieben ist Marianne Hartwigs achte Sammlung von Gedichten. Wieder im Zeitraum eines Jahres entstanden, ist die Sammlung diesmal thematisch in sieben Kapitel unterteilt.

Im ersten Kapitel geht es um ihre tierischen Begleiter, Anlass tägliche Beobachtungen an ihren Katzen und weiteren Mitbewohnern ihres Häuschens im Wald zu beschreiben, gelegentlich auch aus der umgekehrten Perspektive ihres pelzigen Begleiters Rojo.

Im zweiten Kapitel geht es um ‚Insel und Meer‘, Gelegenheit, ihre Liebe zu den landschaftlichen Reizen ihrer Wahlheimat Ibiza, aber auch ihren Respekt für die Naturgewalten, denen sie ausgesetzt ist, in Worte zu kleiden.

Das Thema wird im dritten ‚Im Einklang mit der Natur‘ variiert und auf Fauna und Flora ausgeweitet.

Im vierten Kapitel Freud und Leid liefern innere Befindlichkeiten das Motiv.

Das fünfte ‚Mit und ohne einander‘ gilt wesentlich dem Andenken ihres verstorbenen Mannes.

Im vorletzten ‚Zuhause‘ geht es um das Elternhaus der Autorin im Hunsrück.

Im letzten geht es um das Vergnügen zu dichten, was die Autorin aus diversen Perspektiven beleuchtet und so weit geht, auch ihre ‚Reimsucht‘ zu thematisieren.

Der Untertitel ‚Poesie des Alltags‘ bringt dieses vielfältige Panorama auf einen Nenner.

Chris von Gagern, Ibiza, Sept. 2017

9

Tierische Begleiter

Gelassenheit

Nach einem Morgen-Gedicht bin ich für den Tag bereit
Gegen unliebsame Tages-Geschehnisse gefeit

Wenn sich dann noch alle meine Tiere in der *casita**
 einfinden
Die trübsinnigen Nacht–Gedanken langsam entschwinden

Ist es wieder soweit
sie in Betracht zu ziehen – die Gelassenheit.

---

*   span. Häuschen

El Rojo*

Heute müsse sie wieder einmal reimen
Sagt meine Menschenfreundin und zückt den Stift
Mir soll's Recht sein, ich sag's auch keinem
Rückfälle sind verzeihlich – was mich betrifft

Ich bin nicht nur ihr fan sondern auch speziell
überzeugt von ihrem Talent und höre mir alles schnurrend an
Dafür sagt sie mir so wunderbare Sätze dann und wann
wie: Die letzte Liebe hat immer ein Fell.

---

*   Lieblingskatze ‚der Rote'

Im Grab

Novembernebel umhüllen die *casita*
Lautlos aneinander geschmiegt sitzen wir
in unserem warmen Holzhaus – nur Manx* ist nicht da
Gestern ballerte der Nachbar–Jäger, nicht nur in
    seinem Revier
Er schießt auf alles, was sich bewegt aus Lust am Töten
Keine Bitte, kein Flehen hält ihn davon ab
Er hat eine Schieß-Lizenz und keiner könne ihm das
    Schießen verbieten
Und so tötet er weiter, doch auch Jäger enden – von
Meisterjäger Tod getötet – im Grab.

---

*   schwanzlose Katzenrasse von der Isle of Man

Zum Glück

Wenn meine Tiere wieder einmal
tun was ihnen gefällt
bleibt mir keine andere Wahl
als festzustellen: so ist das mit der Gleichberechtigung
   – ein weites Feld

Doch hin und wieder muss man akzeptieren
dass ein Gleichberechtigter berechtigt ist, darauf zu
   insistieren:
Man wählt die Brotmaschine als Ruheplatz
Man nicht, ich schon, denkt die Katz

Duftet gut nach frischem Brot und schafft Überblick
Hungrig bin ich nicht, aber auch als Mensch sucht man
   sich unerlaubte Plätze – zum Glück.

Lebensbereit

Eine kleine *murcielago** verirrte sich
Des nachts in der Küche der *casita*
Am frühen Morgen fand ich sie – bitterlich
fiepsend– keine Mama war da

Offenbar war sie ein Kind von Mutter Fledermaus
die schon seit langem hinter den Büchern wohnt
Ihr gefiel das kleine Holzhaus
Und das Kind lockte wohl der Vollmond

Im dunklen kleinen Werkstattraum setzte ich sie aus
Das Fenster geöffnet– sperrangelweit
Das kluge Fledermäuschen flatterte hinaus
Dem Licht entgegen – lebensbereit.

---

* span. Fledermaus

Sin–Rabo[*]

Lange hatte *Sin-Rabo* die Katzenklappe nicht entdeckt
Doch dann sah er zu, wie *El Rojo* durch sie entschwand
Und siehe da, er funktioniert, der Nachahmungseffekt
Seitdem geht er ein und aus – sichtbar entspannt

Hätte er einen Schwanz würde der aufrecht stehend zeigen
Auch als Katze macht man sich die Erfahrung anderer
    zu eigen.

---

[*]   span. der Schwanzlose

Basta

Über die Bettdecke huscht eine Eidechse
Sie schaut mich an und ich sehe:
Du weißt genau wo der Ausgang ist, kleine Hexe
Auch den Katzennapf in ihrer Nähe
hat sie zweifellos im Sinn
Seit Tagen flitzt sie durch die *casita*
Irgendwann fange ich dich schlaue Besucherin
Wer in mein Bett darf, bestimme ich – basta.

Meer

Malerisch siehst du aus, Vogel Kormoran
Wir beide teilen uns den Strand am frühen Morgen
Wir kennen uns schon einen Sommer lang
Hier in unserer kleinen Bucht fühlen wir uns geborgen

Die später eintreffenden Touris erschrecken dich nicht mehr
Trotzdem ergreifen wir dann die Flucht
Und kommen erst am Abend wieder her
Was wäre ein Tag ohne den Blick auf das unendlich
    scheinende Meer.

Lebenskünstler

Ein Baumeister ist er
Für seine Familie tut er alles
Baut Dämme und Wasserläufe kreuz und quer
Und im Falle eines Falles

Wird ein großer Baum nicht nur gefällt
Für seine Burg dient er als Baumaterial
Die Familie ist das höchste Gut seiner Welt
Und lebenslange Treue ist sein Ideal

Tauchen und Schwimmen ist sein Lebenselixier
Der Mensch hätte es fast ausgerottet – dieses Tier
Doch es ist ein Lebenskünstler – ein Widerstands-
    Überwinder
Ein Wasserstraßen-Bauer und Erfinder
Nichts wäre ihm lieber
als Achtung und Respekt vor seinem Lebensraum, den
er genial gestaltet – der Biber.

In der nächsten Generation

Zur Wut des Jägers – nur Schadenfreude
Teresa hat dem geklauten Hund ein neues Zuhause gegeben

Wie dankbar der war und sich freute
Mit anderen Kollegen in einer Familie zu leben
Wir wünschen uns alle heute schon
Dass Jäger und Tierquäler ausgestorben sind – in der
  nächsten Generation.

Weitermachen

Ein Leben ohne Katzen – unvorstellbar
Sie begleiten mich, sind immer da
Ich erzähle ihnen meine Geschichten
Es langweilt sie nie, besonders *Rojo* schnurrt beim Dichten

Wie kann ich nur dem armen Jägerhund helfen, frage
    ich ihn dann
"Teresa, und dir wird etwas einfallen," schnurrt er und
    blinzelt mich an
Teresa kann doch nicht nicht jeden Neuen klauen,
    sage ich deprimiert
Warum nicht, schnurrt *Rojo* – weitermachen bis der
    Sch(e)ieß–Jäger resigniert.

Das weiß doch jeder

Der junge Pointer des Jägers weint Tag und Nacht bitterlich
Stromstöße am Halsband verhindern das Bellen
Anti–Bell–Halsbänder sind frei verkäuflich
Was können wir tun in diesen Tier–Drama–Fällen?

Die Argumente des Jägers sind einzementiert wie der Zaun
Er beweist, dass der Hund eine Hütte, zu essen und zu
    trinken hat
Während der ganzen Woche ist er allein auf engstem Raum
Herrchen hört sein Weinen nicht, er lebt in der Stadt

Wie und wo ist ein Ausweg zu sehen?
Den Hund auf einem Rundgang mitzunehmen erlaubt
    Herrchen nicht
Ein Jagdhund habe zu jagen und nicht spazieren zu gehen
Wenn auch Jäger Herz haben, müsste es zu erreichen
    sein durch Bitten
Mit Stromstößen lassen sich Schmerz, Trauer, Freude etc.
    bei Lebewesen nicht verbieten
Das weiß jeder
Aber wie erklärt man das einem Jäger?

Unersetzlich

Heute musste ich meine Menschenfreundin wachschnurren
Um diese Zeit ist sie sonst längst auf den Beinen
Ich will ja nicht murren
Aber Frühstücken gehört schon zu einem

erfreulichen Tagesbeginn
Ganz dicht an ihrem Ohr schnurrte ich laut wie sie es mag
Leise schnurren macht wenig Sinn
Ich kenne ihre Vorlieben früh am Tag

Wie die Traum–Geister meinen Schlaf störten
Murmelte sie verdrießlich
Ich weiß, tröstete ich schnurrend, weil sie auch mich
    empörten
Daher schnurre ich dich wach, denn schließlich

bin ich für dich
so unersetzlich wie du für mich.

Manx[*]

Bei Gewitter ist es ratsam mit Kerzenlicht zu fabulieren
So etwas wie einen Blitzableiter gibt es in der *casita* nicht
Und mit einem Blitzschlag alle kleinen technischen
    Errungenschaften zu verlieren
Ist unerfreulich, dann doch lieber vorübergehend ohne Licht

Manx fürchtet sich vor Donnergrollen
Unter der Bettdecke herrscht Zuversicht
Puschi ist ebenfalls unter Kissenbergen verschollen
So ein Gewitter ist ein Natur–Gedicht
Laut, Zuhörer langweilen seine Wiederholungen nicht.

---

[*]   schwanzlose Katzenrasse von der Isle of Man

Versöhnlich schnurren

Wie ich sie um ihre Schnurrfähigkeit beneide – meine Katzen
Stell dir vor, *Rojo*, bei Konflikten würden Feinde mit
  dem Schnurren beginnen
Statt Waffen zu ersinnen
Sie würden zwar kreischen, krallen und kratzen
In allen Tonlagen murren
Aber dann – versöhnlich schnurren

Von allen Zufriedenheits-Äußerungen dieser Welt
ist Schnurren die wunderbarste, die nicht nur Katzen-
  liebhabern gefällt

Dafür können wir Menschen lachen
Vielleicht entstand Lachen aus dem Bemühen Schnurren
  nachzumachen.

Zwei Rote

Sitzen sich gegenüber
Der Eine ist der *casita*-Liebling
Der andere ein hungriger Flüchtling
Noch überwacht Liebling lieber
die Tages–Ration
Der Flüchtling wartet geduldig
Eine Weile schon
Hat er die reichlich gefüllte Schale im Blick
Liebling weiß, es ist genug für alle da
Vielleicht erinnert er sich auch nur daran
dass er selbst einmal ein Flüchtling war.

Immer mehr

Ein weißes Blatt Papier ist keine Herausforderung
Doch es liegt griffbereit
Schließlich ist der Rundgang am Meer auch nicht
    immer spektakulär
Und doch lenkt er jedes Mal ab von Tagesmühen und
    Verdrossenheit

Lässt trübe Gedanken von glitzernden Wellen davontragen
Am Horizont bunte Lichter sehen
Sich trauen auf die eigene Stärke zu bauen, es wagen
Neue, noch unbekannte Wege zu gehen

Beides, das weiße Blatt Papier und das Meer
Ängstigen und locken – immer mehr.

Vom Fliegen träumen

Wieder einmal erhielt ich Besuch
Von einer Fledermaus
Und wieder einmal misslang der Versuch
Sie zu vertreiben – du siehst doch, dies ist ein Katzen-Haus

Katz und fliegende Maus, wie wollt ihr euch vertragen
Doch vielleicht gelingt's, schönes Lebewesen
Übrigens wollte ich dich noch fragen
Bist du nicht schon im letzten Jahr einmal da gewesen?

Als fliegendes Säugetier hast du Verwandte
Selbst Flughunde können Haustiere sein
Ein Zusammenleben mit der Katzenbande
Ist jedoch nicht ratsam – was hältst du von den Katakomben
du weißt, man fliegt durch das kleine Fenster in der
    alten Tür hinein

Da lebst du in deinen eigenen Räumen
In der Nähe von uns Säugetieren, die vom Fliegen nur
    träumen.

In der Phantasie

Nachdem Manx mit Genuss sein Frühstück verzehrt hat
Packt ihn oft der Übermut
Der Tag kann beginnen, er ist neugierig und satt
Jetzt mit einem imaginären Mäuschen zu spielen, das tut gut

Er schleicht sich an
Stürzt unter Schrank und Tisch
Macht wilde Sprünge und dann
Ist da ein Mäuschen, Übermut macht erfinderisch

Auch eine Woll-Maus ist schließlich ein Fang
Rojo und Puschel schauen gelangweilt zu, so sind sie
Die Jungen in ihrem Überschwang
Sie jagen um zu jagen, auch Woll-Mäuse sind Mäuse
    in ihrer Phantasie.

Hochmut

Wenn ich mit *Rojo* liebevoll rede, tropft er vor Genuss
Ein Fern-Katzenkuss

Ein tropfendes Lustgefühl bei Menschen existiert zwar
Ist aber unsichtbar

Wir glauben die einzigen Lebewesen mit Sehnsucht
     und Phantasie zu sein
Und sind doch nur mit diesem Hochmut allein.

Eventuell

Ich, der Kater Manx, habe jetzt meinen festen Platz in
der *casita*-WG eingenommen
Mein Kollege *Rojo* hat das Sagen
Das habe ich als Voraussetzung hingenommen
Schließlich gibt es sonst kaum etwas zu beklagen

Täglich drei köstliche Mahlzeiten
Chicas Korb unter dem Gästebett ist mein Schlafplatz
Mit Puschel gibt es wenig Anlässe zu streiten
Kein schlechtes Leben für 'ne Katz

Nachbars Kätzinnen interessieren mich nicht mehr
Vererbt hätte ich schon gerne mein glänzendes Fell
Der unfreiwillige Beitrag zur Begrenzung der Katzen-
    überbevölkerung fällt nicht sehr schwer
Alles hat seinen Preis, ich neige jetzt zu einem Hänge-
    bauch den könnte ich mir im Sommer abtrainieren
    – eventuell.

Das Frühlings-Licht

Ein Amselpärchen turtelt im Sabina-Baum, ein geeigneter
    Nistplatz geschützt, komfortabel
Schon beim Aufwachen höre ich ihren Gesang
Die Schöneren sind die Männchen, schwarz mit gelbem
    Schnabel

Schon vor der Morgendämmerung fängt ihre lautstarke
    Unterhaltung an
Frau Amsel trägt dunkelbraunes Gefieder
Sie lauscht zunächst hingerissen ihrem Verehrer
Ihr gefällt nicht nur sein gelber Schnabel, sondern auch
    seine melodiösen Lieder
Er ist entzückt von ihr, so als wär er
der König der Sänger
ein Amsel–Frauen–Kenner

Die männlichen Darbietungen dauern bis zu einer halben
    Stunde
Manchmal wechseln sich zwei Rivalen ab
Sie antworten auf die Strophen des anderen Runde um Runde
Die Zeiten der Bewunderung sind ganz und gar nicht knapp

Das sichtbare Amselmännchen im Sabinabaum hat weiße
    Flecken
Die scheinen dem dunkelbraunen Weibchen gut zu gefallen

Sie flötet in vielen Variationen aus der Distanz der efeu-
    umwachsenen Hecken
Klingt sehr nach gegenseitigem Wohlgefallen

Die Anwesenheit der Katzen stört sie nicht
Ganz schön selbstbewusst – meine *mirlo comunes* – oder
    verliebt in das Leben, den Gesang, das Frühlingslicht.

Solange

Ohne Katzen und Bücher können Frauen nicht schreiben
Hinzu kommt, dass Katzen sich am liebsten auf Büchern
    die Zeit vertreiben
Ist diese Dreieinigkeit einmal hergestellt
Führt sie zwar nicht unbedingt zu Ruhm in der Literatenwelt

Eignet sich aber vorzüglich zum Reimen
Und wie Bücher– und Katzen–Narren meinen
sind sie auch im Computerzeitalter am Kamin durchaus
    beliebt
Solang es noch Katzen, Reime und Kaminholz gibt.

Tierseelen

Vor der Außenküche tummeln sich die Eidechsen
Der Essensduft zieht sie magisch an
Hin und wieder locke ich sie mit kleinen Resten
um die sie sich balgen – minutenlang

Die Katzen halten *siesta*, stören nicht ihre Kreise
Ohne Tiere hätte das Landleben nicht diese Faszination
Sie sind kein Menschenersatz doch auf ihre Weise
spendet ihr Dasein Trost – wie in der Kindheit schon

Dass sie wie Menschen sich freuen und leiden können
  weiß jedes Kind
Seitdem auch der letzte Papst meinte, sie hätten eine
  Seele, besteht Hoffnung auf mehr Rechte für
Lebewesen, die wie wir Wunder einer Schöpfung sind.

Schmerzensschreie

Wir Menschen werden irgendwann keine Tiere mehr essen
Nicht aus Tierliebe, sondern aus Notwendigkeit
Die an "Haustiere" verfütterten Naturalien
braucht die Menschheit um zu überleben
Fleisch wird im Labor gedeihen und wird preiswerter sein
als das der Massen-Tierhaltungs-Fabriken

Jeder Einzelne trägt dazu bei
"Die einfachste Form, einen Menschen vom Fleischessen
abzubringen ist eine Schlachthausbesichtigung" sagt
Richard David Precht
Noch schauen wir uns die Schlachthöfe nicht an
ebenso wenig wie die Kriegsschauplätze

Auf dem Weg in ein neues Zeitalter?
Schweine haben die Intelligenz eines dreijährigen Kindes
Affen sind wie einfache Menschen – nur sprachlos
Wisst ihr "Vivisektionisten" das? Wenn ja, wie ertragt
    ihr ihre Schmerzensschreie?

Gut versorgt

Dichten ist Vergnügen gestehe ich *Rojo*, meiner Katz
Sobald ich mit ihm spreche blinzelt er als würde er sagen:
Mir gefallen deine Reimgedichte auch die vom lauten Spatz
die du mir erzählt hast aus deiner ersten Heimat in
    diesen sonnigen Maitagen

Teresa hat uns gut versorgt – jeden Tag
Manchmal kam sie sogar zwei Mal
Wie ich sie inzwischen mag
Oft begleitete ich sie zurück bis Ins Tal

Es war ungefährlich, ihre Hunde folgten ihr nicht auf
    Schritt und Tritt
Bestimmt haben sie nicht nur vor Teresas Bett gelegen
Einmal kam *Estrella*, ihre Glückskatze mit
Wie du Manx kennst, musste er sich furchtbar aufregen

Jetzt bist du wieder hier
Bei uns – in deinem zweiten Daheim
Ohne dich leiden wir
zwar keinen Hunger, aber auch als Katz lebt man nicht
    von Katzenfutter allein.

Querfeldein

Beim Nachhause-Kommen wurde ich von der Rebhuhn-
    Mama begrüßt
Dreizehn Kinder stellte sie mir vor, wie im letzten Jahr
Mit ihnen lief sie vor mir her als wollte sie ihnen erklären:
    Vor ihr müsst
ihr euch nicht fürchten, wenn nur die Katzen nicht wären

Die sind im allgemeinen sehr häuslich
Jetzt wo sie wieder da ist
gibt es täglich Fisch
Da vergessen sie das Jagen – eine im letzten Jahr erprobte List

In circa zwei Wochen seid ihr flugfähig
Bis dahin müssen wir auf der Hut sein
Ich lasse euch nicht eine Sekunde aus dem Blick
sagt Mama Rebhuhn und trippelt mit der Kinderschar
    querfeldein.

Die beiden Lieben

Fast hätte mich meine Tierliebe zur Bäuerin gemacht
Aber beides zusammen ist unmöglich wie ein spanischer
   Kater der denkt und lacht

Und so sind sie unabhängig voneinander geblieben
Die beiden Lieben

Anthropomorphie bestimmt mein Leben
Ohne das lange Zusammenleben mit all den Tieren
hätte es das Inselleben nicht gegeben.

Orientierungslos

In der Außenküche war eine Eidechse zu retten –
    wieder einmal
Angelockt vom Duft der Hühnersuppe hat sie zu tief in
    den Kochtopf geschaut
Nach einem üppigen Mahl saß sie auf einem Hühnerbein
    – ein Anblick eher unvertraut
Wieder in Freiheit verharrte sie zunächst bewegungslos
Was wohl erfreulicher ist: eingesperrt im Schlaraffenland
    zu sitzen
Oder hungrig herum zu flitzen
Auch Eidechsen wirken bei diesen Fragen eher
    orientierungslos.

Zeit und Raum

Aus der Stille in die Ferne schauen
lese ich an der Wand einer alten *finca*
Zur Stille gehört neben Vertrauen
das Zusammenleben mit den Tieren in der *casita*

Manchmal ist sie laut – die Stille der Natur
Die Spatzen diskutieren ihre Schlafplätze im Feigenbaum
Eine allabendliche lärmende Prozedur
der Stille folgt – in Zeit und Raum
unterbrochen wird sie nur vom Konzert der Zikaden
Auch Zikaden können zur Stille einladen.

Eine Kannibalin

Ein mysteriöses Wesen ist die Gottesanbeterin
Seitdem ich sie zufällig in einem Busch entdeckte
Beschäftigt sie mich, geht mir nicht aus dem Sinn
Eine Trickkünstlerin, sie verfügt über die klügsten Effekte

Unbeweglich harrt sie stundenlang in ihren Lieblings-
    verstecken aus
Passt sich in Farbe und Bewegung an, ist keinesfalls
    Vegetarierin
Verspeist auch hin und wieder eine kleine Maus

Gelegentlich auch den eigenen Gatten – in hungrigen Zeiten
Die am Weiterleben nach dem Sex Interessierten
    können sie daher nicht besonders gut leiden.

Nachteil

Wenn um 6 Uhr in der Früh
die Spatzen in ihrem Schlafbaum erwachen
beginnt die Aufwachzeremonie
Wie kann man als kleiner Spatz nur so einen großen
    Lärm machen

Spatz kann – zwitschert sich wach
Unsereiner brummelt, er macht Krach

So ein Schlafbaum statt Wecker ist ein Gedicht
Einen Nachteil hat er: die Uhrzeit verstellen kann man nicht.

Schnurren und reimen

Mama *gato** selbst ist eine schlaue Tigerin
kommt mit vier bildschönen Halb-Siam-Kindern aus
    dem Versteck
Sie ist zwar scheu aber auch eine hungrige Versorgerin
Und die Kinder stellen fest: Mama kennt sich aus
Sie hat ihnen erklärt, als Menschenkennerin:

Seid auf der Hut, nicht alle sind gut
Auch die, die sich vorübergehend von ihrer besten
    Seite zeigen
Sie lassen dich im Stich, wenn sie ausgeruht
nach dem Urlaub wieder in den Flieger steigen

Die, die euch einen Namen geben
werden für euch sorgen
Mit denen lässt sich's gut leben
Nicht nur von heute auf morgen

Mama gato wird jetzt Mascha genannt
Das ist der Vorname einer Dichterin, Dichter sind dafür
    bekannt
dass sie uns lieben, wie ihre Gedichte tragen wir zur
    Entspannung bei
Geld lässt sich damit nicht verdienen, im allgemeinen

---

*   span. Katze

Denn wir sind widerspenstig, eigenwillig, frei
Und ganz und gar nicht so harmlos, wie wir oft erscheinen
Nur weil wir schnurren und reimen.

Der Fisch

Wenn wir uns innerhalb unserer vorstellbaren Welt die
    Frage stellen
Wer bin ich?
Erhält unser kleines Ich in den meisten Fällen
keine Antwort, dann fühlen wir uns wie der Fisch
in seiner Aquarium-Welt
"Die Welt, mein Sohn" erklärt im Aquarium der Vater
seinem Filius "ist ein großer Kasten voller Wasser" *
Doch ob es lebenswert ist, das Leben in dem großen
    Kasten, bestimme ich
Auch wenn es keine Antwort gibt auf die Frage:
Wer hat ihn erschaffen, den Kasten voller Wasser in
    der großen weiten Anlage
Denn ich kann schwimmen – wenn auch nicht so gut
    wie der Fisch.

---

*   Richard David Precht, „Wer bin ich"

Poetin

Wenn meine Katzen die Pfoten falten denke ich nicht
    daran dass sie beten
Bei mir denke ich mit gefalteten Händen eher an Dichten
    – vorläufig ans Reimen
Lange sagte ich das keinem

Auch nicht dass der ein Dichter ist, der mit Gott redet
Auch wenn er nur betet
Oft sind die Gebetsfragen
Nur Klagen

Meine Tiere – nicht der liebe Gott
liefern mir immer eine Antwort
Ich bin die, die ich bin
Eine rhetorische Fragen stellende Poetin.

Podarcis muralis[*]

In Eidechsenkreisen hat es sich in der Außenküche
    herumgesprochen, dass es Nudelreste gibt
Den Duft hat man schon in allen Mauerritzen gerochen
Jetzt balgen sich zwei Eidechsenweibchen um das
    Mahl – es ist sehr beliebt

Keine Chance hat der hinzukommende grüne Macho
Die Frauen sind einfach schneller
In Windeseile verschwinden sie mit der Beute irgendwo
Vielleicht serviere ich ihm einen Nachschlag auf getrenntem
    Teller

Als Eidechsenmann ist man zwar schöner und größer
Aber das sieht nur die Menschenfrau
Die eigene weiß: sie ist schneller und schlau und weiß
    vieles besser

Dass eine umgesiedelte Eidechse anlässlich des S21-
    Bahnhofsprojekts bis zu 8.600 Euro kostet
habe ich den Meinigen nicht erzählt
Sie könnten mir vorrechnen, dass wir Milliardäre werden
    könnten und hätten zum Mittagstisch Kaviar bestellt

Wir schlauen Podarcis muralis sind flink, schön und beliebt

---

[*]   Mauereidechse

VOR-LIEBEN

Den Katzen huschen wir aus dem Weg
Die sind gefährlicher als die Menschen unter denen es neben
    den Jägern Gott–sei–Dank auch Umsiedlungsexperten gibt

So sind sie, die Lebewesen auf der Evolutions-Leiter
Je höher um so seltsamer, aber keineswegs gescheiter
Eine Mauerritze vor der Außenküche ist nicht der
    schlechteste Rückzugsort
Die Gefahr umgesiedelt zu werden besteht nicht
Die Außenküchenbenutzerin gab uns ihr Wort.

Gazapo*

Von den Geschenken meiner Katzen bin ich nur dann erfreut
wenn sie bei der Übergabe noch leben
Dann pack ich sie in die Lebendfalle so wie heut
und fahr in den nahen Pinienwald – mal eben

An einer dichten Gestrüppecke mache ich Halt
Wie Spitzmäuse und größere Artgenossen kenne ich schon
    die guten Verstecke im Wald
Ein Geschenk sitzt immer noch im Katzenkorb auf der Terrasse
Zum Auswildern ist es noch zu klein
Der kleine Feldhase – *gazapo* – muss erst erwachsen sein
bevor ich ihn außerhalb der Reichweite des schießwütigen
    Nachbarjägers wieder in sein Hasenleben entlasse

Noch bekommt er sein Fläschchen Katzenbabymilch
    mehrmals täglich
Seine Lieblingsspeise ist Petersilie und Ruccula
Ich gebe zu, das Geschenk freut mich
Im Herbst bist du wieder bei deinen Geschwistern und Mama

Bestimmt erinnerst du dich dann noch wo sie sind
Ob Mama sich dann auch noch erinnert an ihr verloren
    gegangenes Kind
Eher nicht, für mich wirst du im Gedächtnis bleiben

---

*   span. junges Kaninchen

Ich durfte dir beim Großwerden zuschauen, dir ein wenig
    die Zeit vertreiben
und deine Geschichte für Hasenkinder-fans aufschreiben.

Ein unverbesserlicher Individualist

An einem Tag wie heute bin ich gewillt
Keine Erwartungen zu haben
Nur dann werden Wünsche erfüllt
Schon der Morgenhimmel leuchtet in Wunschfarben

Jemand verbringt Ferien in meinem Haus
Jemand, den ich mir als Freund ausgesucht hätte
In meinem früheren Leben mit vielen Menschen in Saus
    und Braus
Er scheint sich in der lebenslangen Zufallskette

als fehlendes Einzelglied einzufügen
Bisher ließ ich mich auf meiner Insel nur aussuchen von
    einer Katz
Wer weiß, vielleicht könnten sich auch Zweibeiner
    anschmiegen
Und fänden, wie die Katz, instinktsicher ihren Platz

Die notwendige Voraussetzung ist:
Zu sein wie eine Katz, mit Lust am Zusammen–Leben
    ein unverbesserlicher Individualist.

Vor-Lieben

Der kleine widerspenstige Feldhase beschäftigt sich und mich
Aus dem Trockenfutter sucht er sich nur die Maiskörner heraus
Wir alle haben unsere Vorlieben, er hat seinen Maisschmaus
   und ich einen Titel für ein Gedicht

Den ganzen Gedichtband werde ich vielleicht Vor–Lieben
   nennen
Danke Gazapo, du bist eine Inspiration
Manche Vor-Lieben lassen sich erst auf Umwegen erkennen
So einen Titel-Finder wünschte ich mir immer schon

Alles hängt mit allem zusammen, Voraussetzung ist nur
   das Verbindungs-Zaubermittel
Kater Manx schleppte ein Hasenkind an
Das liefert einen Titel .
Daraus entsteht so etwas wie ein Roman

Deine Geschichte werden vielleicht noch meine Enkel-
   kinder ihren Kindern vorlesen
Gazapo, das ist das Weiterleben nach dem Tod – Wider-
   geburt in Geschichten – so ist es immer schon gewesen.

Gendefekt

Manx ist Vegetarier
Am liebsten isst er Mais
und Feldhasen–Trockenfutter
kein Krümelchen Katzenfutter aus Dosen
und kein Hühnerklein
Selbst wenn ich ihn überlisten will
und es mit Thunfisch mische

Schwanzlosigkeit ist ein Gen–Defekt
wie die Lust Tiere zu töten?

Insel und Meer

Von weither

Die Cala Boix im Abendlicht
Ein Spätsommerabend am Meer
Der einlädt zu Träumen, zu einem Gedicht
Und der

Ruhe schafft
Nach einem sorgenvollen Tag
Die Natur in ihrer Pracht
Vermag

Sorgen zu bannen
Mit dem Blick über das Meer
Langsam zu entspannen
Zu spüren: Mit den Wellen kommt Seelenfrieden daher
Von weither.

Keine Fata-Morgana

Eine Reise auf der Vollmondlicht-Avenue
Sie führt bis an den Horizont – kerzengerade
Schwimmend verfolge ich sie
Ojala*– nicht bis zum Ende – schade
Denn danach beginnt Nirwana
Noch ist Vollmondzeit verlockender – und keine Fata
  Morgana.

---

*   span-arab. hoffentlich, (wörtl.) gebe es Gott

In der Zeit die noch bleibt

Eine der schönsten Buchten ist die Cala Nova
Nicht nur weil meine liebste Freundin Isolde dort immer
  froh war

Wenn der Vollmond aus dem Meer aufsteigt
Und weit und breit
Sein silbernes Licht über die Wellen verteilt
Ist es so weit:

Mond und Meer sorgen für mehr Gelassenheit
In der Zeit die noch bleibt.

Wieder verschwinden

Noch ist die Insel nicht nur in den Händen der Reichen
Auch die Eroberer der Vergangenheit mussten früher
    oder später dem Widerstand der Ibizenkos weichen

Basta! Bis hierher und nicht weiter
Die Insel-Machthaber sind wir und ihr bleibt die Außenseiter

Wir gewähren euch das Vergnügen, eine Flasche Sekt
    für 1500.- zu trinken
Doch zu gegebener Zeit werden auf unsere Anweisung
    eure Yachten wieder verschwinden.

Zu zweit – allein

Heute ist es ganz unspektakulär
das Meer

Bis an den Horizont ein glitzernder Teppich
Es lockt mich

Täglich zieht es mich in seinen Bann
Und dann und wann

Scheint die Schwerelosigkeit wie Glück zu sein
Wie zu-zweit-allein.

Für das kommende Jahr

Der Sturm knickt Pinien
Der Regen lässt versiegte Flüsse wieder entstehen
Ob die dünnen Dächer der *casita* den Naturgewalten
    widerstehen?
Sind meine Tiere und ich sicher vor ihnen?

Der *camino** ist wieder befahrbar
Ohne die Hilfe meiner Freunde wäre die *casita* dunkel
    und kalt
Die Stromleitung war unter dem Baum begraben – im
    dichten Pinienwald
Ein Geschenk der Natur: Kaminholz für das kommende Jahr.

---

*   span.(unbefestigter) Weg

Schicksalsmacht

Ein stürmischer Sonntag
Der Sabinabaum vor der *casita* biegt sich – sturmerfahren
Was auch immer kommen mag
In all den Jahren
Half die Lebenskraft
Stürme zu überstehen
Nur manchmal fehlt inzwischen der Wille, sich aufzulehnen
Gegen die stürmische Schicksalsmacht.

Von einem andern Stern

Am Ende des Regenbogens sitze ich
Seine Farben überfluten mich
Das Meer spiegelt die Farbenpracht wider
Lässt Stimmungen entstehen wie Kinderlieder
Altbekannt, fühlbar und doch fern
So sind sie, die Farben und Lieder
wie von einem andern Stern.

Glücksmoment

Die Natur breitet ihre Schätze aus
Farbenpracht an allen Straßen– und Weg–Rändern
Wiesenschaumkraut und Löwenzahn leuchten auf den
    Feldern
Mandelblüten umschwirren das Holzhaus

Dann ist da noch jemand der mich liebt
Das alles nenne ich Glück
Das es angeblich nur für Augenblicke gibt
In liebende Augen zu blicken bringt immer wieder
    Glücksmomente zurück.

Verzagen

Am Horizont blinken die Lichter
Ist es Sternengefunkel oder nur ein Schiff
Oder leuchtende Meeresbösewichter
Das Meer als Inbegriff
des Geheimnisvollen, vor allem in der Nacht
Es murmelt, lockt und lacht
Ich tauche ein in seine mitreißenden Wellen
Die mich davontragen
Sie könnten an Felsen zerschellen
Oder mich fragen:
Willst du die Herausforderung wagen oder verzagen.

Naturgewalt

Haselnussgroße Hagelkörner krachen gegen die
    Terrassen-Scheiben
Die Pinien biegen sich unter den Sturm–Gewalten
Wir schauen und wissen: vertreiben
lassen sie sich nicht, die bizarren Gestalten

Friedliche Palm-Riesen waren es einmal
Der Sturm hat sie zu Furien gemacht
die sich vorbereiten auf den Überfall
im Schutz der hereinbrechenden Nacht

Dann ist ein Holzhaus im Pinienwald
Nicht der ideale Ort – es sei denn ich vertraue wie meine
    Katzen der Höheren Macht in Form der Naturgewalt.

Einfangen

Tage, wenn sie friedvoll zu Ende gehen
Schenken Zuversicht – manchmal Ruhe pur
Keine Nachrichten zum Weltgeschehen
Nur Inselleben mitten in der Natur

Und am Abend einen Rundgang und Meeresblick
Zu empfehlen ist das nur jenen
die spüren: das ist ein Schimmer von Glück
Und wie das so ist mit dem Glücksschimmer, er lässt sich
	weder einfangen noch ausdehnen
Nur frühere Glücksmomente, die bringt er zurück.

Bis ich es weitergebe

Mitten im Pinienwald
in einem Holzhaus zu leben
"wo es so einsam ist, dass es
scheint als wäre immer jemand da" *
ist ein Geschenk
Ich habe es angenommen
Und behalte es – bis ich es weitergebe.

---

*   Juan Ramón Jiménez

Klangfarben

Keine Flächen sind sicher vor Streich–Lust und –Kunst
Wände, Böden und Tischplatten erstrahlen blütenweiß
Von Katzennäpfen bis Blumentöpfen wird alles gestrichen
    – mit Inbrunst
Unerschöpflich scheinen Lust und Fleiß

Eine Ersatz-Befriedigung weithin sichtbar
Anfallartig – wie in jedem Jahr
So plötzlich wie sie einsetzt verschwindet sie auch wieder
Sie setzt immer wieder Schaffens–Lust in Taten um
Ein Eigen–Therapeutikum

Aus Wörtern werden Reime oder aus Klangfarben Bilder
    und Lieder
Die Frühjahrs-Lust in einen Dauerzustand umzufunktionieren
Ist der Traum eines jeden der nicht aufhören kann gegen
    die Macht des Alltags zu rebellieren.

Schlangenbisse

Ein Geschenk ist die Natur – das Meer
Schon am Morgen sitze ich an ihrem Gabentisch
Allmorgendliche Blüten und Farben-Wiederkehr
Verschwenderisch

Bei der Blumenbegehung wie Jordi und ich das nannten
Nahmen wir uns immer an der Hand
Manche seiner Lieblingsblüten verschwanden
nach seinem Tod – er war der zuverlässige Wasser-Lieferant

Es duftet und grünt aus allen Ritzen und Nischen
Rojo folgt mir jetzt in versteckte Ecken
Auf dem Trampelpfad lassen wir uns durch Huschen
    und Rascheln nicht erschrecken
Einer giftigen Schlange sind wir noch nicht begegnet,
    die gibt auf der Insel inzwischen

Mehr erschrecken uns die Jäger-Schüsse
So ein Schlangenbiss ins Jägerbein
Das wäre fein
Nach jedem Schuss wünschen wir ihm ebenso viele
    Schlangenbisse.

Wie eine Fata-Morgana

Wie ist das Leben in einem Holzhaus unter Pinien
werde ich manchmal gefragt
Es ist wie jeder Alltag, nur leiser
Und wenn es tagt
huschen die Eidechsen
brummen die Hummeln
zwitschert es aus Bäumen und Hecken
sind die Katzen hungrig und lecken
alle Näpfe leer
Und von weit her
bellen die Jägerhunde
das ist er – der Lärm der Morgenstunde
Mit dem Großstadtlärm vergleiche ich ihn nicht mehr
zu seiner Zeit war der
Bestandteil des Lebens in einem anderen Land
Und ein Holzhaus im Wald wie eine Fata–Morgana
die man aus Abenteuer–Geschichten kannte oder in
    Träumen sah.

Wie es ihr gefällt

Leuchtende Bilder entstehen
Unter dem Feigenbaum nehmen sie Ausdruck und
    Form an
Wie das Insellicht faszinieren, verlocken sie, ziehen
    den Betrachter in ihren Bann
der nur eines will: den Zauber von Natur und Kunst ansehen

Auf die gemähten Felder stürzt ein Meer von Tauben
An Glückstagen wie diesen glauben
wir an eine Wunderwelt
die eine geniale Malerin einfängt und festhält
so wie es ihr gefällt.

Mit Mut

Alle Maler–Künstler der Insel präsentieren ihre Werke
Ein buntes gemischtes Völkchen
Im "Ruta del Arte"* wichtige Vermerke
Eine Insel auf der Insel – ein Phänomen

Träume in Bilder verwandelt
Sie demonstrieren Lebensstil
immer handelt
es sich um ganz viel

Lebenserfahrung und Verwirklichung
Dazugehören tut gut
Zustimmung
ist immer auch verbunden mit Mut.

---

*   Kunstmagazin Ibizas

Mit Stift und Pinsel

Manchmal ist ein Pinselstrich wie ein Wort
wo es hingehört – am richtigen Ort

Schlusspunkt und Neuanfang
im Zusammenhang

mit all den vorausgegangenen Situationen
die sich lohnen

eingefangen zu werden
Sie sind Mosaiksteine, Teil unserer Suche nach dem
    Sinn auf Erden

Die Natur offenbart uns täglich wie es ist wiedergeboren
    zu werden
Nicht jeder sucht das Glück auf einer Insel
Wer es dort gefunden hat, hält es fest: mit Stift und Pinsel.

Wie Wohlbehagen

Der Ausblick ins Tal ist jedes Mal
wie ein Blick in eine heile Welt
Jenseits der Nachrichten – gnadenlos brutal
Ein Blick der die beiden Welten zusammenhält

Oft nur ein Augenblick der Zuversicht
der es stabilisiert – das Gleichgewicht
auf der Gratwanderung, den Balanceakt gelingen lässt
Der Ausblick ins Tal ist jedes Mal wie Wohlbehagen auf
einem Fest.

All die Touristen

Die *multa**–Erfinder müssen wieder einmal Überstunden
    machen
Es gibt viele Verkehrssünder zu überwachen

Im Schilderwald
Suchen Jung und Alt

nach sinnvollen Angaben
die sind bei tausenden vom Schildern unüberschaubar wie
    ebenso viele Löcher und Graben

Hätte man die mit all den Schildern zugedeckt
Wäre der Verkehr nahezu perfekt

Würde wunderbar fließen
doch die Euro-Kassierer ziemlich verdrießen

Denn *multas* kassieren erfreut viele *Guardia*-Zivilisten**
Die fahren schließlich nicht nur faul herum wie all die
    begeisterten Touristen.

---

*   span. Geldstrafe
**   Die *Guardia Civil* ist eine Polizeitruppe Spaniens

Verwegen

Es muss nicht immer Wagemut sein
Doch ohne Mut
entsteht kein Reim
"...eines Tages werden wir alt sein..." *

Und auch dann sind Mut und Reim
eng miteinander verbunden
Verdichten das Heute
den Augenblick in all den Tagesstunden
immer wieder Lebensfreude

Mit und ohne Blick zurück
Fließen sie ineinander – die Trauer- und Freudentränen
Weiten unseren Blick
Helfen uns, Glücksmomente auszudehnen

Beim Anblick des Vollmonds, der aus dem Meer aufzu-
    steigen scheint
Der Himmel und Meer leuchten lässt
Trauer und Sehnsucht vereint
zu Lebensfreude auf dem Vollmondfest

Dann schwimmen wir hinaus auf dem Silberstreifen
dem Licht entgegen
bis wir begreifen
Auch wer umkehrt ist oft verwegen.

---

*   Julia Engelmann

Wie Zuversicht

Das Schönste am Tag ist der Meerblick
Unendlichkeitsblick und Rückblick
Kein Gegensatz vermag einen tieferen Blick zürück

Wo hört das Meer auf
Wo fängt der Himmel an
Ein wenig wie der Lebenslauf
die Gegensätze treffen aufeinander, ziehen in ihren Bann
und lösen sich auf

Gehen über in Sternenlicht
Widergespiegelt im Meer
So ein Naturgedicht am Meer im Dämmerlicht
ist wie Zuversicht.

Glück

Sich aufgehoben zu fühlen in der Tiefe einer warmen
    Sommernacht
Einer Liebesnacht plus Himmelsmacht
Alles ist an seinem Platz und nichts ist beim Namen zu
    nennen
"Glück ist die Fähigkeit, es zu erkennen". *

---

*   Hermann Bezzel

Verlust

Zu zweit war ich sicher
Jetzt bin ich allein und frei
Freiheit
ist Verlust von Sicherheit.

Eine Wahl

Und als die Erwartung vergangen war
Erschienen neue Sterne am Himmelszelt
In diesem Moment war sie für kurze Zeit da
die Gelassenheit im Einklang mit der Natur und den
    Tieren in der kleinen Inselwelt

Zufall oder Schicksal
Wir haben es zu akzeptieren
Der Eigensinn hilft nicht zu resignieren, auszuprobieren
Und bestärkt in dem Glauben, wir hätten eine Wahl.

Allein verantwortlich

So sind sie – die stillen Tage
Selbst die Katzen rühren sich nicht vom Fleck
Wir alle sind in der komfortablen Lage
sie zu genießen in unserem Holzhaus–Versteck

Das Erfreulichste ist, keine Erwartungen zu haben
Es Dauerzustand zu nennen wäre übertrieben
Allein aber nicht einsam zu sein ist eine jener Gaben
die geschenkt werden – nach eifrigem Üben

und der unvermeidlichen Einsicht
dass du für deine Übellaunigkeit allein verantwortlich bist.

Die Zeit

Sie festzuhalten gelingt nicht
Eher an Tagen wie heute mit ihr davon zu gleiten
Wehmütig, umarmt von Schatten und Licht
Um einzutauchen und schon von weitem
Anziehung und Sog zu spüren
Unverändert, wie immer schon da gewesen
Es sind die Wunschträume, die uns verführen
Alltäglich und doch einmalig – wie das Meer
wandelbar, anziehend wie ein Lebewesen
das uns begleitet und unerreichbar in der eigenen Welt
    gefangen ist
In seiner begrenzten Wahrnehmung von Lebenszeit
    und -frist.

Gefunden

Plötzlich trifft man aufeinander
Sympathie auf den ersten Blick
Schon die ersten Worte faszinieren
Stimmen mit der eigenen Sicht und Phantasie überein
Stilvolle Erscheinung – gutes Format
Sprachgewandt
Ein wenig Akzent
Humorvoll – charmant
Solides Fundament, eloquent
Macht neugierig
Scheint wissbegierig
Versteckte Ironie
Irgendwie
Ein wenig altmodisch
Ganz und gar nicht prahlerisch
Zwischen seinen Artgenossen eher bescheiden
In dem Wissen, einige wenige mögen Unaufdringliches leiden
Auf entsprechenden Festen kontaktfreudig
Aber eher introvertiert
Ungeniert
Möchte auf jeden Fall dazugehören
Mitdiskutieren, sich dagegen wehren
In ein ganz bestimmtes Regal zu passen
Möchte trotzdem Eindruck hinterlassen
Heute habe ich wieder einmal so ein Buch gefunden
Und bin damit ganz schnell aus dem *Libro Azul* in meine
    Bücher-*casita* verschwunden.

Im Einklang mit der Natur

Ein Übermaß

Mit Menschen zusammen zu sein
die sich um Tiere kümmern, sie lieben – ein Geschenk
    ist das
Mitten in der Natur in einem Holzhaus zu leben
Ist ein Teil davon – geradezu ein Übermaß
Schließt Dankbarkeit ein

Wenn über der rot-leuchtenden *aloe arborescens*[*] die
ersten Schmetterlinge schweben
Dann ist es an der Zeit, die Naturgeschenke anzunehmen
sich nicht mehr nach den lauten Städten zurückzusehnen
Und es dankbar zu leben – das einfache Leben.

---

[*] [bot.] Baum-Aloe

Augenschmaus

Ein Lichtblick ist zur Zeit jeder leuchtende Farbfleck
*Llave del año** gehört zu dem ersten im Jahr
der neben den Mandelblüten aus dem grünen Versteck
das Auge erfreut – unverwechselbar

Helleborus viridis – Nieswurz – heißt der Augenschmaus
Er ist giftig, eignet sich daher nur als Blumenstrauß.

---

* span. Schlüssel des Jahres (bot.)

Wie es mir gefällt

Die Natur breitet ihre Schätze aus
Die ersten *Nisperos** leuchten in der Sonne
Als Marmelade sind sie ein Gaumenschmaus
Ihr zartes Fruchtfleisch – die wahre Wonne

Es grünt und blüht in allen Ecken und Verstecken
Eidechsen huschen – Bienen summen
In der Außenküche treffen sich Ameisen & Co.um kleinste
    Krümel aufzuschlecken
Während über den Heckenrosen Hummeln brummen

Ein Tag ohne Schreckens–Nachrichten aus der Welt
Ein Geburtstagsgeschenk der besonderen Art – wie es
    mir gefällt.

---

*   span. Mispeln

Lebensraum

Die Morgengedanken beinhalten immer danken
Besonders an Geburtstagen
um die sich viele Erinnerungen ranken
die dazu beitragen
in Morgen-Melancholie zu verfallen
Dann fällt der Blick auf den blühenden Granatapfelbaum
Ein Blickfang – der reizvollste von allen
Und so beginnt der neue Tag voller Dankbarkeit in dem
    überschaubaren, selbstgewählten Lebensraum.

Gar nicht

Wenn Nebelschwaden das Tal erfüllen
Alle Tiere noch in ihren Höhlen träumen
Die Zikaden noch nicht auf ihren Lieblingsplätzen schrillen
Und nur Amsel-Lieder zu hören sind aus Hecken und
    Bäumen

Dann ist es so weit
Vorsommer–Zeit

Der wärmste April seit Jahren
Wir in der *casita* bewahren
Zuversicht
Blinzeln in das Lampenlicht
Anlass zu Sorgen gibt es ausnahmsweise nicht.

Therapeutikum

Die ersten Rosen blühen
Sie leuchten über dem Terrassenrand
Aus dem *casita*-Fenster sind sie gut zu sehen
Ihr Duft zieht dicke Hummeln an

Täglich breitet die Natur ihre Schätze aus
Täglich erlebe ich ihre Macht, ihren Reichtum
Dann hocke ich dankbar vor dem Holzhaus
Und genieße das geschenkte Therapeutikum.

Sein und Schein

Wie er glitzert, der Tau, in der Morgensonne
Bunte Perlen im Regenbogenglanz
Nicht nur für Eidechsen–Frühaufsteher eine Wonne
Juwelen im immer wiederkehrenden Lebens-Tanz

Jeder Tag könnte der letzte sein
Nicht an jedem Morgen sind das die ersten Gedanken
Nur manchmal bringt ein Traum ins Bewusstsein:
So nahe beieinander sind Schein und Sein.

In Dankbarkeit

Das einfache Leben
Ist ein Geschenk das wir angenommen haben
Nicht allen Suchenden wird es gegeben
Die Natur verschenkt ihre Gaben
an die, die auf ihrer Suche große Umwege machten
Um dann anzukommen in der Einfachheit
sich ihr zu ergeben, sie zu betrachten
in Dankbarkeit.

Mai–Regen

Alle Pflanzen recken sich
dem Regen entgegen
Freuen sich sichtlich
Er bringt nicht nur Segen
sondern füllt die Zisterne
Lässt die Feigenbaumblätter glänzen
Wie geleckt leuchten sie in der nassen Wärme
Die Natur – ein Wunderland ohne Grenzen.

Lebens–Kunst

Heute bemühe ich mich, nicht zu reimen
Das gelingt nicht unter dem über tausendjährigen
    Olivenbaum

Sein Leben selbst ist wie ein gelungenes Gedicht
Über tausend Jahre Leben – das reimt sich zwar nicht

Lädt aber immer wieder zum Dichten ein
Wer möchte nicht in seinem Schatten verweilen
Die Zeit vergessen – ein wenig wie er sein
Seine Erinnerungen an gute Zeiten teilen

Eine Eule wohnt in seinen Zweigen
Niemand wird das Versteck erfahren
Über tausend–jährige wissen, eine Lebenskunst ist Schweigen
    und Geheimnisse bewahren.

Ein Tourist

Wie sie glitzert, die Morgensonne
Jeder Tautropfen schillert – ein Tagesschimmer
in Regenbogenfarben– die wahre Wonne
Dazu die morgendliche Spatzenunterhaltung auf dem Schlaf-
    baum dem nächtlichen Spatzen-Familien-Zimmer

Wer in dieser Landidylle nicht zuhause ist
hält jeden Naturschwärmer für das, was er ist – ein Tourist

Morning Glory

Die *morning glory*[*] hat ein Drittel der hohen Pinie erklommen
Ihr strahlendes Blau leuchtet über den Terrassenrand
Wir – *Rojo* und ich– heißen sie willkommen
obgleich, wir wissen: sie ist eine Schmarotzerin –Architekten-
    trost genannt

Eine Blenderin, eine Verschwenderin
Ihre blauen Glanzlichter schließen sich bei Nacht
Sie wickelt ihre Helfer ein, ist eine Zauberin
Täglich entfaltet sie wieder ihre blaue Pracht

Von Zeit zu Zeit muss ich bei ihr mit der Gartenschere
    auf Zurückhaltung bestehen
Von dem Holzhaus wäre in ein paar Jahren sonst nichts
    mehr zu sehen.

---

[*]   span. Zaunwinde (bot.)

Lebensraum teilen

Auf dem Dreschplatz zu sitzen
von Pinien und Zikadenlärm umgeben
Rundherum Eidechsen flitzen
Eine Ameisenstraße, Bienengesumm – das ganze emsige
    Sommerleben

Diese Augenblicke, dieses Lebensgefühl
Ist es wert, dankbar zu verweilen
Glücksmomente und ganz viel
Lebensenergie schenkt die Natur, wenn wir mit ihr den
    Lebensraum teilen.

Farbenspiel

Ein Rundgang durch den verwilderten Garten
ist ein Morgengenuss
es ist als ob die *morning-glory*-Blüten auf mich warten
würden – sie leuchten, sind ein Morgengruß

Haben sich über Nacht an dem Yuccapalmenast festgehalten
Der ist dick und kräftig und wehrt sich nicht
Erlaubt auch dem Efeu, sich bei ihm zu entfalten
"Schmarotzer", hättest du geschimpft, Unkraut entfernen
    hieltest du für deine Pflicht

Eine, die dir ganz und gar nicht gefiel
Deshalb habe ich sie nicht übernommen
Aus der unterlassenen Pflicht entstand ein Farbenspiel
Spiele – die perfekte Gelegenheit der Pflicht zu entkommen.

Eine Weile festhalten

Die Melodie des Windes lässt Traum–Geschichten entstehen
Die Äste des Sabina–Baumes zeichnen Schattengestalten
Unter der warmen Abendsonne treffen sie sich und verwehen
Auch wenn wir sie als Bild oder Gedicht eine Weile festhalten.

Und wieder einmal

Am Ende eines Tages zufrieden mit dem Tagesverlauf zu sein
das nenne ich Glück
Zikadenkonzert und kein
einziger trauriger Tages–Rückblick

Abendstille erfüllt das Tal
Die Katzen sitzen auf ihren Lieblingsplätzen
und wieder einmal
kann kein Inselfest das Naturidyll ersetzen.

Geschenke

Jeder Tag hält Geschenke bereit
Schon früh am Morgen neugierig auf den Tag zu sein
Ist eines davon – auch wenn weit und breit
keine Glücksbringer lauern, von Wunsch–Träumereien
    abgesehen

Die Natur sorgt immer für Präsente
Der Orangenbaum biegt sich unter der Last seiner Früchte
Und gleichzeitig blüht er – Geschenke ohne Ende
Ein Geschenk–Wahrnehmungs-Tag, auch die
    Weltkrisen-Nachrichten machen ihn nicht zunichte

Eine Nachrichten-Sperre –heute ist es soweit
Wie gesagt: Jeder Tag hält ein Geschenk bereit.

Farbenpracht

Herbst-Melancholie und Farbenpracht
Von beidem zu viel
Die Natur – das Leben macht was es will
Herbst–Melancholie und Farbenpracht

Von beidem zu viel
Und gleichzeitig Überschwang
Ausdruck von Niedergang und Lebensdrang
Von beidem zu viel

Die Natur – das Leben macht was es will
Mit Weh-, De- und ein wenig Über-mut
Bleibt beides unser lebenslänglich höchstes Gut
Die Natur – das Leben macht was es will.

Freud und Leid

Freud und Leid

Jeder Tag hält eine Überraschung bereit
An jedem Tag ist das Leben lebenswert

Zu jeder Zeit ist Freud und Leid
nahe beieinander
Und die Wahrnehmung entscheidet: Kühnheit, Ängstlichkeit
    oder alles miteinander

Die Natur in ihrer Beständigkeit
Ist eine Mischung aus Freud und Leid.

Die Verneinung des Lebens

Flucht in die Kunst
Erleichterung schon auf den Fluchtwegen
Dankbarkeit für die Schicksals–Gunst
Auf diesen Wegen der Hoffnung zu begegnen

Einzutauchen in die Welt der Phantasie
Sie mit Farben und Worten neu zu gestalten
Realitäts-Mord ohne Alibi
Und ohne Gewissheit, das Ziel zu erreichen – wohlbehalten

Der Versuch ist niemals vergebens
Auch wenn Fernando Pessoa meint:
"Was anderes ist Kunst als die Verneinung des Lebens".

Gefangen

Im Labyrinth der Erinnerungen
Ist nicht nur die Suche nach dem Ausgang das Ziel
Verlockend sind die unentdeckten Abbiegungen
Dank des Ariadnefadens ein Kinderspiel

Auch für Labyrinth–Erfahrene kann der Ausgang versperrt
    bleiben
Dann ist es hilfreich, die Suche zu beschreiben.

Viele Verführer

Jeder Tag ist ein Geschenk auf Erden
Mit jedem Tag werden
wir uns bewusst:
Schmerz und Lust
sind unsere Wegbegleiter
Und wenn das Schicksal es gut mit uns meint
Finden wir immer wieder Weg-Bereiter
Die uns zuflüstern: Sei auf der Hut
Du brauchst all deinen Mut
Um dich selbst zu erkennen
Denn viele Verführer werden dir Glücksziele nennen.

Traum–Monster

Wenn ich mir vor dem Einschlafen einen Traum wünsche
Weiß ich, dass der Wunsch oft in Erfüllung geht
Einfluss auf seinen Inhalt habe ich nicht
Nur auf sein Vorhanden–Sein und dass ich ihn erwische

Beim Erwachen

Dann banne ich ihn auf das bereitgelegte Papier
Manchmal sträubt er sich
Aber ich habe Erfahrung mit Widerspenstigen
Vor geduldigem Warten scheue ich mich nicht

Traum–Monster verstecken sich in Gedächtnis-Lücken
Ich locke sie mit delikaten Bruch-Stücken
Manchmal beißen sie an
Dann fange ich sie ein mit Hilfe von Stift und Papier

Aus manchen mache ich Haus- oder Tier-Geschichten
Die unbezähmbaren entlasse ich wieder – auf die Alb.

Verlauf–Traum

Wieder einmal verlief ich mich im Traum
Immer menschenleerer wurde die ganz Region
Die Wege enger, für ein Fahrzeug blieb kein Raum
Über Stock und Stein quälte ich mich in tiefer Depression

Ein kleines Licht war plötzlich da
Mit letzter Kraft stolperte ich ihm entgegen
Beim Näherkommen sah ich erstaunt es war
–nach vielen Umwegen–
meine hell erleuchtete *casita*.

Lebensziel

Spielraum zu lassen
Wie schwer das fällt
Ohne zu spielen werden wir nicht gelassen
Nicht jeder ist ein Held

Aber jedem kann spielerisch eine Arbeit gelingen
Nur wenn der Spielraum fehlt
Keine Phase bleibt um mit Spielen Zeit zu verbringen
haben wir das falsche Lebensziel gewählt.

Poder superior[*]

Nachdenklich in der *casita*
Jeder Augenblick ist kostbar
Ihn festzuhalten gelingt manchmal
Dann bedanke ich mich, ganz sentimental
Bei der *poder superior*
Sie hat immer ein offenes Ohr
Für ihre Menschenkinder
Und weil sie unchristlich ist, nennt sie die nicht Sünder.

---

[*]   span. Höhere Macht

Herzens–Heimat

Das Leben bleibt spannend
"Solange man lebt weiß man nicht was noch geschehen
     kann"*
Zwischen Drama und Happy-end
geschieht das, was der Mensch Zufall nennt

Hin und wieder Realitätsflucht muss sein
Solange es für uns da ist – unser Daheim
Mit Menschen und Tieren, die wir lieben
Auch die, die in der Erinnerung weiterleben sind in
     unserer Herzens-Heimat geblieben.

---

*   Antol Szerb

Suchen oder gefunden werden

Sind wir allein im Universum
Suchen oder warten wir dass man uns findet auf Erden
Ein hoffnungsvolles Prinzip ist:
Gerade wenn du selbst nicht suchst bist
du bei Suchenden begehrt gefunden zu werden
nicht nur als Planet auch als Individuum.

Verborgen

Vorhersagen sind wunderbar
Vor allem deswegen weil sie selten in Erfüllung gehen
Von Wettervorhersagen einmal abgesehen
Eine große Leserschar
meiner Gedichte ist nicht zu erwarten
Daher ist jeder einzelne Leser wie eine Blüte in meinem
    verwilderten Garten
Sie erfreut mich
Und inspiriert zu einem neuen Gedicht
Jeden Morgen
So sind die Vorhersagen – in Erwartungen verborgen.

Glücksbereit

Glück wird kaum erinnert
Es beschränkt sich auf den Augenblick
Leid nimmt sich Zeit
Die Erinnerung kehrt selten zu Glücksmomenten zurück

Doch immer wieder entstehen sie – glücksbereit
Mit einer tiefen Empfindung von Dankbarkeit.

Unvermeidbar

Oft fehlt mir das Tüpfelchen – nicht nur auf dem "I"
Bei einer Internet–Adresse hat das Folgen
Wie vermeide ich die
Auf den Punkt kommen wäre eine Option
Gerade das gelingt mir nicht
Er entgleitet mir immer wieder
Kein Schluss–Strich oder Schluss–Punkt ist in Sicht
Und so ist es unvermeidbar – das nächste Gedicht.

Bewusst

Das Wort Ver–Lust schließt Lust ein
Die erste der das auffällt bin nicht nur ich
Die Lebens–Lust schien verloren gegangen zu sein
Doch Verlieren zieht Suchen nach sich

Und wer sucht
der findet – nicht unbedingt Lust
Aber dass der Verlust bei der Suche hilft ist jedem bewusst
Aus rastloser Suche wird Sucht.

Sonntagskind

Ungeduldig zu sein ist ein Privileg der Jugend
Gut Ding will Weile haben
Geduld ist eine Tugend
Sie gehört nicht zu den Gaben
die umsonst zu haben sind
Es sei denn, eine gute Fee hat sie ihm in die Wiege gelegt
   – dem Sonntagskind
das vielleicht phlegmatisch ist
Tugend als List

Woraus man nicht den Schluss ziehen kann
der Phlegmatiker sei immer tugendsam.

Variationen

Die Menschen in meinem Umfeld
Gehören verschiedenen Religionen an
Gibt es einen gemeinsamen Himmel nach der Welt
Und begreifen wir dann:
Die Kriege auf Erden, das war die Hölle
Im Himmel gibt es keine Religionen
An ihrer Stelle
nur Gott-ähnliche Sterne – und Unendlichkeitsvariationen.

Schicksals-Leid

Nichts ist wie es scheint
Das verborgene Abenteuer heißt Ungewissheit
Im Zweifelsfall vereint:
Schicksals-Gunst und Schicksals-Leid.

Unendliche Zuversicht

Vielleicht wird jedes Lebewesen zu einem Stern
Unendlichkeit gleich Sterne als Lebewesen
Das könnte der Himmel sein – unbegrenzt – nah und
    doch fern
Und seit es unsere Erde gibt – immer schon da gewesen

Kein Leid – nur Licht
Unendliche Zuversicht.

Ich muss mir nicht alles von mir gefallen lassen

Immer wieder die Verwunderung:
Warum schreibe ich
Um zu schreiben, dann schreibt es sich
Und weil immer dann

Eine Neugierde entsteht
Vermischt mit Phantasien, Illusionen
Und die Angst verweht
Neue Wege werden sichtbar, die sich lohnen

Die Trauer–Labyrinthe zu meiden, festzustellen: ja es geht
Ich darf mich gegen mich wehren, ohne mich zu hassen
"schließlich muss ich mir nicht alles von mir gefallen lassen" *

---

*   Viktor Frankl

Dazwischen

Auf die .Frage: "Sind sie Optimist oder Pessimist?"
Gab ein kluger Philosoph die Antwort "Ich bin Possibilist"
So sind sie die Philosophen sie philosophieren in einem fort
Doch lassen sie sich nur schwer bei einer Festlegung
   erwischen
Wie wir wissen liegt die Lebenskunst nicht immer dazwischen
Da hilft Alexander Kluge mehr: In Gefahr und großer Not
   ist der Mittelweg der Tod.

Jahrestag

Stimmungswechsel im Dreivierteltakt
An Tagen wie heute ist das fast wie Musik
Am Geburtstag bin ich mit dir und der Vergangenheit
    in Kontakt
Abwechselnd Zustimmung, Widerspruch, Konflikt

So sind sie – die Jahrestage
Anlass zu Freude oder Gram
Ich stelle sie nicht infrage
Auch nicht–zelebrierte Geburtstage haben ihren Charme.

Fast jeden Tag

Nicht immer gelingt es, die Erinnerung zu einer Gefährtin
    zu machen
Sie ist wie die Dankbarkeit, will hofiert und wahrgenommen
    werden
In einem langen Zeitraum und tausendfachen
Gelegenheiten, oft begleitet von Beschwerden

Bis sie, herbeigeführt durch einen Schicksalsschlag
zur Begleiterin wird und Trost spendet in der Not
An jedem Tag, immer wieder und von Selbstinfragestellung
    bedroht.

Gewinnerin

Erfolg der auf Talent zurückzuführen ist
Immer verbunden mit Disziplin
Wenn Lust hinzu kommt und du von Ausdauer nicht
    abzuschrecken bist
Dann wirst du zu einer talentierten Gewinnerin.

Untertan

Geduld ist erlernbar
Dazu braucht es viel Geduld
Weniger Gedankenverschwendung an Schuld
Ein gehöriges Selbstvertrauens–Reservoir
Und wer dann noch auf Selbstmitleid verzichten kann
ist ein Mit-sich-selbst-Vertrauter und kein ungeduldiger
    Untertan.

Verweigern

Sich regen bringt Segen
Sich weigern bringt nur dann Scheitern
Wenn der Verweigerungs-Spezialist
nicht mehr unterscheiden kann:
Weigert er sieh aus Überzeugung oder weil er ein
gewohnheitsmäßiger Verweigerer ist.

Dankbar

So ist er der Selbstaufmunterungs-Versuch
Ohne Selbstironie gelingt er nicht
Im Zweifelsfall hilft noch das Tagebuch
Denn aus Klagebuch-Sicht
ist klar zu erkennen
Es gab immer Jemanden der angeblich Schuld war
Und plötzlich ist es aufmunternd einzugestehen:
Statt einen Schuldigen zu suchen bin ich dankbar.

Ein Kunstwerk

Solange jeder Tag auch glückliche Momente hat
Solange ist er lebenswert
Glücksmomente sind immer wieder erwähnenswert
Alltag ist gleichzeitig Gewohnheit und Spagat

Von Horrorgeschichten
lässt sich spannender berichten
Meine literarischen Favoriten sind die
die mich auf ihren Alltagsreisen mitnehmen
So ist die Lebenskunst – nie
nur ein einzigartiges Performance-Unternehmen
Ein Kunstwerk wie "Durch Mauern gehen" *

---

*   Marina Abramovic

Die Belohnung

Farben sind Orte, wo Maler wohnen
Sie zu besuchen bedeutet Herausforderung
Die Frage: wird sich der Besuch lohnen
stellt sich nicht, die Welt der Farben ist die Belohnung.

Träume

Die nächtlichen Plagegeister haben sich zurückgezogen
Mit der Erinnerung an einen Traum voller Farben beginnt
    der Tag
Noch ist er sichtbar – der nächtliche Bilderbogen
Überspannt das Tal und vermag
Mut und Lust auf einen Neubeginn zu wecken
So sind sie, die Träume, solange sie uns in ihren Bann
    ziehen verliert die Wirklichkeit ihre Schrecken.

Ohne einander

Sehnsucht und Einsamkeitssucht sind Zwillinge
Ohne einander bleibt ihnen nur die Sucht
Und wer will schon dauerhaft süchtig sein?

Das himmlische Kind

Gedankenspiele – Projektionen nennt sie eine meiner
    therapie-erfahrenen Freundinnen
Wer spielt mit wem um was?
Spieler wollen gewinnen
Nur die Selbstlosen erklären, dass
jeder Gewinn nur die glücklich macht
die keine Altruisten sind
So ist sie – die Spielleidenschaft
Unberechenbar wie der Wind – das himmlische Kind.

Dein Stift ist mein Pinsel

Die mühsam erworbenen zuversichtlichen Wahrnehmungen
    schlafen in der Nacht
Lichtscheue Plagegeister lauern in allen Ecken
Pünktlich um drei Uhr nachts schlüpfen sie aus ihren
    Verstecken
vertreiben die guten Geister, entfalten ihre Macht

Haben keinen Respekt vor der Verstandesmacht
Machen sich lustig über erfundene Gegenmaßnahmen
Wir sind in der Übermacht, die es immer schafft
dich in Furcht und Schrecken zu versetzen – in Ewigkeit
    – Amen

Zur Verteidigung greife ich zu meinem Gegen–Gift
Und ziehe einen Verteidigungs-Kreis – nur mit einem Stift
Am Morgen schildere ich meiner Freundin die nächtliche
    Strategie auf meiner kleinen Insel
Sie lacht: Ich kenne sie, dein Stift ist mein Pinsel.

Höchsten Respekt

Aussortieren gehört nicht zu meinen Stärken
Unter all dem Angesammelten verbergen sich Raritäten
Die ruhen in ihren Verstecken bis sie wieder entdeckt werden
Dann nennt man sie Antiquitäten
Doch wer hat schon soviel Ausdauer, Platz und
Im Zweifelsfall jemand, dem Vergangenes betrachten
    Freude macht
Wenn daraus dann noch Geschichten entstehen
ist die Chance, in einem Museum zu landen, abzusehen

In jedem Antiquitätensammler ist ein Kunstliebhaber versteckt
und der hat auch vor zeitgenössischen Künstlern höchsten
    Respekt.

Umgekehrt

Manchmal scheint die nächtliche Traumwelt realistischer
    als die Wirklichkeit zu sein
Die gleiche Intensität der Wahrnehmung: Sein oder Schein
Dann flüchte ich in den Alltag oder ans Meer
Atme Pinien- oder Algenduft ein und weiß nicht mehr
ist das der Traum
und wenn ich mich verlaufe die Realität?
War mein früheres Nachtwandeln der Zwischen-Raum
auf der Suche nach der sogenannten Normalität

Oft genieße ich die Parallel–Welt
Vor allem dann, wenn sie farbig ist und unversehrt
Solange ich nicht in einem zu großen Laster steckenbleibe
obgleich es in der Ferne leuchtet – das weite Feld
wie heute in der Nacht – oder war es umgekehrt?

Vergnügen überliefern

Zwanghaft sein ist wie Loslassen
ein beliebter therapeutischer Begriff
Manche Zwänge sind wie lieben
Gegen alle Vernunft folgt man zwanghaft den Liebes-Trieben

Sammelt alle Liebes–Gedanken, ordnet sie in Regalen
Dort verharren sie bis sie wieder auftauchen – alle
Warum soll ich sie loslassen – Versteckt in Büchern
Denen, die sie einmal vorfinden, werden sie neben
    Erinnerungen Vergnügen überliefern.

Glücksfall

Manchmal kann aus einem Unfall ein Glücksfall werden
Ich überfahre einen kleinen Hund
Er ist schwer verletzt, überlebt, aber ein Bein muss amputiert
    werden
Ein kleines Mädchen verliebt sich in den Dreibeiner
Die Eltern, die vorher einen Hund ablehnten, wollen die
Empathie ihres Kindes belohnen und schenken ihr den Hund

Es ist nur eine Traumgeschichte
Eine, die hilft, dem Tag hoffnungsfreudig entgegen zu sehen.

Verlassenheit

Den Gedanken lasse ich freien Lauf
Irgendwann hat es damit angefangen
Ich nahm den Freilauf in Kauf
Sie sind einfach wie Katzen, eigene Wege gegangen

Die sind nicht auf Landkarten zu finden
Sind nur Pfade – unwegsam
die plötzlich im Dickicht verschwinden
oder im Schlamm

Dort blinken überall kleine Lichter in der Dunkelheit
Augen von Lebewesen, die besser sehen als die von
    verirrten Dichtern
verloren gegangen im Gedanken- und Wortgestrüpp auf
    der Flucht vor Bösewichtern
und Verlassenheit.

Wie immer schon

Eine ganze Tafel Schokolade zu verspeisen ist ein Hochgenuss
Über die Ansammlung der Kalorien lässt sich nicht streiten
Ein jeder muss
für sich selbst entscheiden
Lust oder Schuldgefühle
Im Zweifelsfall zu viele
Kalorien
Die werden wie Sünden verziehen
durch Absolution
danach wird weiter gesündigt, wie immer schon.

Zum Glück

Wie Eulenaugen scheuen sie das Tageslicht
Die nächtlichen Gedanken–Quälgeister
Ich sperre euch ein in ein Gedicht
Beim ersten Tagesschimmer bin ich euer Herr und Meister

Drohen hilft nicht unbedingt
Dann greife ich auf meine Erfahrung mit Katzen zurück
Locke, schmeichle, wende kleine Tricks an, das zwingt
auch Quälgeister zu etwas mehr Einsicht – zum Glück.

Ein träumendes Tier

In Träumen zieht uns die Verkettung von Erinnerung und
    Phantasie in ihren Bann
Beides erleben wir auch tagein, tagaus
In Träumen fehlt jedoch oft der Zusammenhang
Das macht sie phantastisch, plötzlich denken wir wie
    eine Maus

die sich nicht vor der Katze fürchtet
Das kann nur ein Traum sein
Größenwahn sagt der Vernünftige und richtet
sein Augenmerk auf das reale Sein

Dass Katzen und Hunde träumen wissen wir
Ist auch die Maus ein träumende Tier?

Die Zeit

In Träumen scheint sie keine Rolle zu spielen
Sie ist, wie in Kinderspielen

Ein Zeitvertreib
Ohne den Zusatz: Bleib

Du bist so schön
Und doch schenkt sie in der Erinnerung ein
Wiedersehen.

Glücksbereit

Wer den Alltag preist
ist ein Jedermann
doch wer kann
schon täglich Glücksmomente registrieren
Sich selbst dazu verführen
sie wahrzunehmen
die alltäglichen Glück–verheißenden Themen

Ein Jeder kann es – ist glücksbereit
Es braucht ein wenig Zeit
Und ganz viel Gelassenheit.

Ohne Träume keine Zuversicht

Wenn in der Nacht ein selbst inszenierter Film Premiere hat
Verblüfft mich die Regisseurin immer wieder
Reichlich surrealistisch, manchmal rabiat
Ganz und gar nicht salonfähig oder gar bieder

Woher kommen alle die spleenigen Traumideen
von Märchen und Monstern
Engeln und Feen
Aus einer anderen Welt, von einem anderen Stern?

Von denen, die einmal unsere Vorfahren waren
deren Energie wiederkehrt
besuchen sie uns im Traum um uns ihre Geschichten zu
    offenbaren
die wie Bibelgeschichten gleichzeitig grausam und
    liebenswert sind

Ein Leben ohne Träume wäre unvorstellbar
Wie ein Wald ohne Bäume
Wie eine Bibliothek ohne Bibliothekar
Wie Schatten ohne Licht
Eine Geschichte ohne Bösewicht
Oder ein Tag ohne Gedicht

Mit anderen Worten: ohne Träume keine Zuversicht

Sie festzuhalten gelingt nicht immer
Aber immer bleibt ein Erinnerungsschimmer
Und der ist wie das berühmte Zimmer
ganz für sich allein – für ein dichtendes Frauenzimmer.

Dichter des eigenen Lebens

Auf all den Lebens–Schleichwegen
Sind wir immer wieder neugierig
Die Neugierde ist unsere Verführerin, macht uns verwegen
Gibt es nicht einen Trick
das Missgeschick zu überlisten
Glückspfade einzuschlagen
In einem Glücks-Nest zu nisten
Wie ein Hase Haken zu schlagen
Auszuweichen
Hinter einer Wand von Fragezeichen
Mit anderen Worten: geschickt dem Unglück aus dem
    Weg zu gehen
Denn es schreitet voran, es gilt in seinem Schatten zu stehen
Allein
"Und Dichter des eigenen Lebens zu sein" *

---

*   Friedrich Nietzsche

Das kleine Ich

So ist sie – die Mühelosigkeit
Sie schließt Mühe ein
Ist himmelweit
entfernt von Seelenpein

Und doch ergänzen sie sich
Bestimmen den Tag
das kleine Ich
Auf dem Weg zu dem was es vermag.

Im Zweifelsfall

Das kleine Ich will wieder einmal hoch hinaus
Von Zweifel begleitet macht es sich auf den Weg
zuhause zu bleiben wäre durchaus
eine Alternative – umgeben von Büchern und kleiner
    Bibliothek

Wenn nicht diese Verlockung wäre, sich zu trauen,
"*To do is to be*" *
Und Herausforderung schafft Vertrauen
Dazu braucht es keine Philosophie

Vertrauen und Mut lassen das Herz höher schlagen
Verzicht auf Schuldzuweisungen und
Im Zweifelsfall erkennt das kleine Ich (ein wenig) bescheiden
zuhause zu bleiben und zu schreiben ist nicht die übelste
    Art Zweifel zu vertreiben.

---

* Handeln ist Sein, Sartre

Fragwürdig

Wie fragwürdig doch Erinnerung ist
Äußerst beliebt scheint die weit zurückliegende zu sein
Kaum noch zu beweisen, gefiltert, zurechtgerückt
Bis sie hineinpasst in die Beschreibung oder in einen Reim

Phantasiedurchwoben, mit Träumen vermischt
wird sie zu einer langen Biografie
Oder einem kurzen Gedicht
Langweilig wird sie nie
Nur im günstigsten Fall wird sie Poesie.

156

Beifall

Eine Generalprobe auf der Lebensbühne gibt es nicht
Jeder Auftritt ist eine mehr oder weniger gelungene
    Vorstellung
Manche Proben lassen auf Publikumserfolg schließen
Improvisationen sind zwar beliebt
irritieren aber nicht nur die Mitspielenden

Eine Vorstellung kann auch dann gelungen sein
wenn es viele Buh-Rufer gibt
denkt der Schauspieler
Doch seine Gage bezieht er durch Beifall.

Widerspruch und Einklang

Sie sind die Wegweiser
die lockenden Geister
faszinieren und verführen
begleiten uns und trösten mit ihren
Klangbildern
die eine Welt schildern
jenseits der alltäglichen Düsternis
einer leuchtenden Finsternis
Widerspruch und Einklang
Suche – ein Leben lang

"Ich weiß, dass ich Stamm vom Baum der Ewigkeit
bin…alle hellen Träume sind meine Vögel…" *

---

*   Ramón Juan Jiménez

Gebunden sein wollen und Freiheitsdrang

Wenn wieder einmal zwei Wünsche im Vordergrund stehen
die gegensätzlicher nicht sein könnten
Hilft es wenig, sich einzugestehen:
Akzeptiere es, Ambivalenz wird niemals enden

Erfüll dir erst den einen
dann lebst du den zweiten
Am besten sagst du es keinem
Denn diese Art von Leiden
ist untherapierbar seit ewigen Zeiten

Und nur von jenen zu ertragen
die nicht ständig nach der eigenen Unzulänglichkeit fragen
und sich nicht für einen von beiden entscheiden
gleichzeitig machen sie ein Leben lang
Himmelangst und bang:
Gebunden sein wollen und Freiheitsdrang.

Unverhofft kommt oft

Manchmal bitte ich den Zufall mir zuzufallen
Das tut er dann auch – in Intervallen

Nicht immer ist das ein Glücksfall
Oft nur ein Zusammenprall

Zwischen Hoffen und Bangen
Und dem ständigen Verlangen

nach Zuwendung und Geborgenheit
was im Gegensatz steht zu Freiheitsdrang und der Dreistigkeit

dem Schicksal Wohlwollen zu entlocken
sich zum Beispiel auf eine *finca** zu hocken

und sich dort zu verstecken
vor der großen bösen Welt und ihren Schrecken

Einmal wird jedes Versteck gefunden – irgendwann
Und dann

könnte es neben dem Zufall auch ein Glücksfall sein
Denn ein Glücksfall kommt selten allein

Wie sagt der Volksmund doch:
Unverhofft kommt oft

---

*   span. Landhaus, Gut

Wie es mir gefällt

Sie in Anekdoten zu verwandeln – die Vergangenheit
Komisch statt traurig gestalte ich oft meine kleine Welt
Geschichten statt Klagen von Kummer und Leid

Die Methode bewährt sich noch immer
Leuchtet nicht in jedem tragischen Geschehen
dieser klitzekleine Schimmer
von der Hoffnung, neue Wege zu finden, zu begehen

Und die zurückliegenden im Gedächtnis zu behalten
Sie zu analysieren, zu therapieren
unterschiedlich zu interpretieren
ja, neu zu gestalten

Nicht dass es von Trauer befreit
Aber es versöhnt mit der Vergangenheit.

Keine Angst

So ist das Glück
In jedem Augenblick
kann es wahrgenommen werden
und so ein Glückspilz auf Erden
hat das erkannt
es beim Namen genannt:
Jetzt, in diesem Augenblick kannst du es spüren
solange du keine Angst hast, wirst du es nicht verlieren.

Mit und ohne einander

Freundschaften sind wie Liebesbeziehungen

Sie haben ihre Hoch–Zeit und ihren Alltag
Und manchmal tut ihnen eine Aus–Zeit gut
Dann vermisst man den, den man schätzt und mag
Mit all seinen Besonderheiten, Widersprüchen mit Wehmut

Wer auf der Welt erfüllt schon Erwartungen in allen
    Einzelheiten
Wie Heimat schließt Freundschaft Vertrautheit ein
Verbunden mit Erinnerungen an gute und schlechte Zeiten
Freundschaft beinhaltet mit Freunden glücklich zu sein
Glück existiert nicht ohne Leiden

Wenn sie ein Leben lang hält
Ist sie das Wunderbarste auf der Welt.

Die Geduldigste

Einen Menschen – so wie er ist – zu lieben
Mit all seinen Schwächen und gleichzeitiger Lebenskraft
Die geduldigste aller Lieben

Ein kleines Stück vom Paradies ist uns mit ihr geblieben.

Sachliche Romanze

"Als sie einander vierzig Jahre kannten..." *
Begannen sie, sich gegenseitig zu vergeben
Die Liebe kam ihnen nicht abhanden
Nur einem von ihnen das Leben

Bis dass der Tod euch scheidet,
hatten sie sich gegenseitig einmal versprochen
Viele Schwüre wurden in all den Jahren immer wieder
    gebrochen
Dieser eine nicht, darum wurden sie von vielen beneidet

Auch zweite und dritte Ehen können scheitern
Einehig zu leben ist heutzutage das altmodische Vergnügen
    von Außenseitern.

---

*   Erich Kästner

Sucht

Wann schlug sie um – die Lebensfreude
in Lebenstraurigkeit
Noch heute
weiß ich, es begann vor einer Ewigkeit
Mit einer Sucht
Nur der Süchtige sucht
Ich hatte sie mir nicht ausgesucht
Die Schwind-Sucht
Sie suchte mich – ich wurde schwindsüchtig
Vielleicht machte sie mich lebens-süchtig
Oder lebens-tüchtig?
Und bewahrte mich vor anderen Süchten
Vielleicht half sie mir, vor den Süchten zu flüchten.

Getrennt miteinander

Immer noch träume ich davon
Getrennt mit dir verbunden zu sein
Auf der *finca* zu leben in einer Kombination
Von miteinander in einem individuellen Atelier–Heim

In Reichweite entfernt
Um zu jeder Zeit
Miteinander das auszutauschen was jeder lernt
Allein oder zu zweit

Es umzusetzen – du in deinen Bildern
Ich in all den Reimen
Die nichts anderes schildern
Als Freud, Leid und die Wahrnehmung, keinen

Tag zu verbringen ohne die Gewissheit:
Wir sind nicht allein
Wir leben mit dem Geschenk zu jeder Zeit
Getrennt miteinander verbunden zu sein.

Nicht erwischen

Eine Herausforderung ist Widerstehen
Beides gleichzeitig – wie soll das gehen
Und doch ist jede Liebesbeziehung ambivalent
Zu viel Widerstand und gleichzeitig Sehnsucht nach
einem Happy-end

In allen Lebens–Situationen dazwischen
Richten wir uns ein und lassen uns bei den
Widersprüchen nicht erwischen.

Für Irmelischka

Eine Lebenskünstlerin zu treffen auf der Alltagsreise
weckt Lebensfreude und Wohlgefühl
Ihr Haus ist ein Ort der Begegnung, die Mahlzeiten wie
    Götterspeise
Tiere und Menschen sind – wie heute – beieinander vor
    dem warmen Kamin

Unter dem tausend–jährigen Gewölbe finden sie sich ein
Alle guten Geister, die es einmal bewohnten, bei Musik
    und Kerzenschein
Nur ein anderer Ort auf der ganzen Welt löst dieses
    Wohlbefinden aus
Und das ist mein mehrere hundert Jahre altes Elternhaus

Nur wer Schutzgeister wahrnehmen kann
genießt ihren Beistand, das Beisammen–Sein
Begibt sich vertrauensvoll in ihren Bann
Weil er weiß: einmal wird er einer von ihnen sein.

Objekt der Liebe

Einst glaubte ich– als ich noch wundergläubig war
Und das war ich lang
Die Liebe dauert ewig, ist unwandelbar
Ist ein Lebensdrang
der auch heute noch drängt
wobei er sich einbildet, dass er das Objekt der Liebe dabei
    nicht mehr einengt.

Zeit der Erwartungen

Die Erwartungen des geliebten Menschen nicht zu erfüllen
ist für beide schmerzlich
Die Erwartende fühlt sich als Opfer – wider Willen
Nicht nur im Stillen

Stellt die Freundschaft infrage – zeitweise auch sich
Wenn dann der Täter noch verteidigend meint: ich bin
    der ich bin
Macht nur noch Trennung Sinn

Die Liebesgefühle bleiben
Manchmal kann die Zeit Erwartungen vertreiben.

Freundschaft

Was für ein Geschenk ist Freundschaft
Zu wissen, da ist ein Mensch, der dich liebt wie du bist
Dauerhaft – das ist fabelhaft
Und so ist der Ostertag nicht nur ein Feiertag
Sondern ein Tag, der Freude schafft
und ein Freundschaftstag ist.

Ein Geschenk

Ein Dichterfreund meiner Freundin Irenen ist Spanier
In Deutschland geboren und aufgewachsen
Zwei Seelen wohnen ach in seiner Brust
Schon eine verursacht nicht nur Freude auf dem
Erdenschiff als mehr oder weniger blinder Passagier

Sein Lebenshelfer ist die Sprache
Die hat ihn mit meiner Oma zusammengeführt
Denn auch ihr hatte das Schicksal ein Geschenk gemacht
   – als Kind schätzte ich es nicht sehr:
"Ein silbernes Nixelschen und ein goldenes Wart-a-Weilsche"

Müßiggang

Das Abenteuer Leben ist keineswegs schwer
mit einem Menschen der
wie Mascha Kaleko dachte: „…man braucht nur eine
Insel
allein im weiten Meer
man braucht nur einen Menschen,
doch den, den braucht man sehr"

Diesen Menschen gibt es nicht mehr

Seinen Inseltick hat er auf mich übertragen
und damit die Lust, nach Schicksalsfügungen zu fragen
die Abenteuer mit sich führen
Natur–Wunder registrieren
fabulieren
ständig über das Zusammenleben mit den Tieren
zu schwadronieren.
Und abends ein Meer-Rundgang
Manche nennen das Müßiggang.

Lang, lang ist's her

Dein Tabakbeutel ist immer noch Bestandteil der Strandtasche
Kuriose Fundstücke befinden sich jetzt darin
Die schönsten Muscheln, Steine neben einer verbeulten
    Sonnenmilchflasche
Ihn aufzubewahren macht richtig Sinn
Denn immer wieder fand er zu dir zurück
Du hattest unsere Telefonnummer vermerkt auf dem alten
    Lederbeutelstück
Und der Beutel hatte noch das Blumenkinderflair
Lang, lang ist's her…

WG –Traum

Zwischen Chaos und Farbenpracht
So entstehen die Gemälde meiner Freundin
Sie konkurrieren mit der Landschaft
Spiegeln ihre Besonderheit wider im Duft von Rosmarin
    und Jasmin

Wie ein Gemälde ist jeder Tag
Festhalten statt Loslassen
Was auch immer kommen mag
Keinen glücklichen Augenblick wollen wir verpassen

Sie in Bildern, ich in Gedichten
Dazu lärmen die Spatzen in ihrem Schlafbaum
Warum sollten wir verzichten
auf unseren WG–Traum.

Von Übermut

Die Ausstellung meiner Freundin Gerlinde im Marstall
    ist ein Hochgenuss
Ich schaue mir immer wieder ihre Bilder an
"Lebenstanz" – Farbenrausch im Überfluss
Ich darf daran teilnehmen – mein altes Haus liegt auf der
    Station ihrer Lebensbahn

Viele Menschen sind Bewunderer ihrer lichterfüllten Farben
die ein geheimnisvolles Leuchten beinhalten
Die Kraft ausstrahlen wie Natur-Talente und -Gaben
Wie im Tiefflug über den Köpfen ihrer Widersacher
    schwebende Schwalben

Eine Symbiose von Überwindung der Schwerkraft und Mut
und einer gehörigen Portion von Übermut.

Getrennt miteinander

Briefe an einen Toten zu schreiben
klingt nach Trauer und Verlassenheit
in Wirklichkeit
ist es Kommunikation, ein Überschreiten

der Wahrnehmungsgrenzen
auch zu deinen Lebzeiten wartete ich nicht auf Antwort
die Briefe ergänzen
unser Zusammensein – nicht immer an dem gleichen Ort

Und so sind wir getrennt miteinander
Ich lebe auf der Insel in der *casita*
Und du da
wo du immer gewesen bist – auf der Suche – am liebsten
getrennt miteinander.

Finca-Hocker

Heute fand ich einen Titel für meinen Roman
Schon zu deinen Lebzeiten war er ein Lieblingswort
Dass es einmal ein Titel sein würde nahm ich nicht an
Ein Wort ist wie ein Ort
Schließt Erfahrung ein
Löst Wohlbefinden aus
Vermittelt ein Gefühl von Daheim–Sein
Bietet Schutz wie ein Haus
Ist wie traurig und froh sein zur gleichen Zeit
Ein Synonym für Geselligkeit und Allein–Sein zu zweit.

Eigenes Tabu

Frieden schließen heißt verzeihen
Verzeihen schließt innere Freiheit ein
Sich aus Erinnerungsfesseln zu befreien
Schafft Voraussetzungen um zufrieden zu sein

Wer über die Toten schweigt
Dem lassen sie keine Ruh
Sprache befreit
Und Freiheit hat ihr eigenes Tabu.

Schuldzuweisungen

Immer sind es die Anderen, die Schuld haben
an der Lebensmisere
bis das kleine Ich anfängt zu fragen
Und ich? Könnte es sein, wäre
auch ich ein ganz klein wenig in der Lage
sie zu stellen
die Lebensfrage
könnte ich sie nicht aufsuchen – die hellen
von der Sonne beschienenen kleinen Flecke
die aufwärmen, Schutz bieten
und Rückzug wie das Haus einer Schnecke
um dann mit kleinen Schritten
das große Selbstmitleid–Haus zu verlassen und
    wahrzunehmen:
Statt der großen Straßen gibt es kleine Gassen
die meinem Lebensweg entsprechen und meine Energie
nicht durch Schuldzuweisungen lähmen.

Bleiben

An manchen Tagen liebe ich das Leben so wie es ist
An manchen Tagen habe ich keine Wünsche für mich
An manchen Tagen weiß ich, dass du immer bei mir bist
Obgleich wir in verschiedenen Welten leben – du und ich

Dann hilfst du mir beim Dichten
Lässt mich einen Sinn finden in all den vielen Alltags-
    Geschichten

An manchen Tagen treffe ich Lebewesen
Aus verschiedenen Zeiten die mich beim Schreiben begleiten
Dann ist es wie im Traum, als wären sie schon immer da
    gewesen
Sie sind meine Lebens–Gefährten und werden es immer
    bleiben.

Weiterzuleben

Jeder Tag ist ein neuer Anfang
Jeder Tag hält seine Herausforderung bereit
Jeder Tag bedeutet: ein Leben lang
Freud und Leid

Und das Glück, ihn zu erleben
Dein plötzlicher Tod stellte mich vor die Alternative:
aufzugeben oder weiterzuleben.

Zuhause

Allein gelassen

In einigen Stunden bin ich in meiner ersten Heimat
Hier in der zweiten sind meine Tiere irritiert
Kein Morgen wie jeder andere, sie spüren die Stimmung
    die der Reisetag hat
Sitzen auf dem Koffer – geradezu alarmiert
Zwei Wochen gehen schnell vorbei versuche ich zu erklären
Das ist ihnen ganz einerlei
Koffer bedeutet alleingelassen werden.

Erste Heimat

Meine zweite Heimat zu verlassen um in die erste zu reisen
fällt schwerer als umgekehrt
Das kann nur heißen:
die Abreise wird erschwert
durch den Umstand, auf meine Katzen verzichten zu müssen
Sobald der Koffer dasteht wissen sie Bescheid
Er ist beliebter als das sanfteste Ruhekissen
El Rojo ist selbst zu Gehorsamkeit bereit

Teresa wird euch gut versorgen
wiederhole ich immer wieder
Darum machen wir uns keine Sorgen
sagen ihre Blicke – du bist nicht da
das nennt man anthropomorphisieren sagtest du früher
als die zweite Heimat schon die erste geworden war.

Flausengeschichten eben

Wenn die Vorlieben der Kindheit
sich nach langer Zeit aus ihren Verstecken wagen
Inzwischen selbstbewusster, mutiger und nicht mehr bereit
Sozusagen zu verzagen– zu entsagen
weil niemand sie ernst nahm
sie untauglich zu sein schienen
mit ihnen den Lebensunterhalt zu verdienen
als Bauernkind, wenig landwirtschaftlich arbeitsam
dazu vollmondsüchtig
und nicht so richtig
wirklichkeitsnah – immer als ob
– wie Oma meinte: nichts anderes als Flausen im Kopp

Und wenn diese Flausen dann
in ihren Schlupfwinkeln überleben
werden sie irgendwann
Geschichten erzählen – Flausengeschichten eben.

Viel Glück

Vorbei an den leuchtenden Rapsfeldern gehe ich
In Gedanken an dich

Mit der Zuversicht wieder gemeinsam zu wandern
zwischen Farben und Licht
Du wirst beides wieder auf Leinwand bannen
Eine neue Schaffenszeit wird anfangen

"Es ist wahr was sie sagen
Was kommen muss kommt
Geh dem Leid nicht entgegen
Und ist es da
Sieh ihm still ins Gesicht
Es ist vergänglich wie Glück…" *

---

*   Mascha Kaleko

Glücksspiel

Ein letzter verzweifelter Versuch mein altes Haus zu behalten
Wie eine Glücksspielerin komm ich mir vor
Die Schutzgeister sind unerreichbar, reagieren ungehalten
Zu oft bat ich um Beistand, keiner antwortet, nicht einmal
    Babba T'dor

Einen letzten Versuch wage ich heute Nacht
Keine Tränen, keine Beschwerden
Dann beuge ich mich der materiellen Übermacht
Mein altes Haus, ich darf in dir wohnen solange ich lebe
    auf Erden
In dir habe ich die glücklichsten Stunden meines Lebens
    verbracht

Dein neuer Besitzer hat deinen Wert erkannt
Er schätzt deine Substanz, deine Eigenheiten
Er ist mit denen, die in dir leben durften, verwandt
Beschütze ihn, zeig dich von deinen besten Seiten

Eines meiner schönsten Geheimnisse hütest du
Vielleicht hat auch er eines, das er dir anvertraut
Du eignest dich perfekt für ein heimliches Rendezvous
Aus deinen sicheren Mauern dringt kein Liebeslaut

Und der Geheim–Zugang ist immer noch unverbaut.

Als bunte Kuh

Im Garten ist der freche Spatz beschäftigt mit Selbst-
gesprächen
Die sind offenbar bei seinen Kollegen nicht sehr beliebt
Keiner antwortet ihm, vielleicht kennen alle schon
seine Märchen
In mir hat er eine neue Zuhörerin, die Spatzen-
gespräche liebt

Von Zeit zu Zeit will er hoch hinaus
Dann zwitschert er auf dem Rand der Dachregenrinne
Wir beide lieben mein altes Haus
Ich kenne ihn noch vom letzten Mal, unverkennbar seine
freche Stimme

Das gefüllte Körnerhäuschen in der Trauerbirke wird er
schätzen
Während meiner Abwesenheit denkt daran niemand
Ob das der Grund ist für sein lautes Schwätzen
Seitdem ich mit den Tieren rede sind meine Vorlieben
bekannt

Die Dorfbewohner haben an Gesprächen mit Spatzen
keinen Bedarf
Man gestand mir schon als Kind diese Eigenart zu
Oma wunderte sich nie wenn ich mit den Schweinen sprach
Und inzwischen bestehe ich auf meinem Ruf als bunte Kuh.

Eitel Sonnenschein

Mein Lieblingsspatz im Gärtchen ist heute nicht gesprächig
Er hockt neben dem Körner–Häuschen eher verdrießlich
Schon wieder so ein Tag mit dieser Zweibeinerin im Garten
Das wird bei Sonnenschein in einen Dauerzustand ausarten

Einen richtig übellaunigen Eindruck macht er nicht
Obgleich, auch heute, ist wieder keine Gesprächspartnerin
in Sicht

Wir können uns ein wenig unterhalten ist mein Vorschlag
So ein warmer Maientag
ist schließlich Grund genug, laut und fröhlich zu sein
Ja schon, piepst er traurig, aber auch ein Spatzenleben
ist nicht immer eitel Sonnenschein.

Wie du mir, so ich dir

Mein altes Haus hatte wieder einen
Verbesserungsvorschlag
Es betraf eine Leitung in einem gepolsterten Eck
Der Helfer war zur Stelle und gab mir folgenden Rat:
nachdem er mir ein Ei überreicht hatte aus dem Marderversteck:

Sagen sie doch ihrem Marder er möchte die Rohr-
    verkleidung akzeptieren
Nagt er sie ab, friert das Wasser im Winter
Das Versteck wird entdeckt und die Marder–Kinder
werden gestört – sie verlieren
Ihr geschütztem Zuhause – warm und bequem
Das Ei war noch nicht ganz aufgegessen
Mama Marder wird nicht erfreut sein – der Entdecker ist
    – *ojalá** – angenehm

Das Nest hat er nicht zerstört
Wenn du lernwillig bist, bleibt es für lange Zeit unversehrt

Das Ei habe ich wieder im Mardernest deponiert
Wie du siehst, Mama Marder, bin ich mit unserer WG einver-
standen solange du gewisse Voraussetzungen akzeptierst
Ich schlage vor, so verbleiben wir:
Wie du mir, so ich dir.

---

*   span. hoffentlich

Klosterhof–Mauern

Sie ist allgegenwärtig
Die Macht der Vergangenheit in meinem alten Daheim
Zeitweise unterwerfe ich mich ihr – fast zärtlich
Schuld daran ist mein altes Haus, vertraut wie ein Kinderreim

Verbunden mit den Menschen, die in ihm lebten
die weiterleben in Geschichten und Träumen
die es immer wieder verschönerten, es hegten und pflegten
Denen es Schutz bot in all seinen Räumen und Scheunen

Immer wieder bedanke ich mich bei seinen Erbauern
für die Gunst mich beschützt zu fühlen in seinen Klosterhof-
    Mauern.

Vorlieben

Ein magischer Ort
Schutzgeister treffen sich dort

Noch immer
wie das Kinderzimmer

hat er seinen Zauber niemals verloren
Schutzsuche ist angeboren

Ist angewiesen auf Natur
denn nur

in Verbindung mit ihr
bleiben wir

das, was wir sind und immer waren
Schutz suchend und abhängig in Gefahren

Wo die Schutzhütte stand
steht heute eine Bank

Die Schutzgeister sind geblieben
Auch Geister haben ihre Vorlieben.

Vom Vergnügen zu dichten

Wie ein Spiel

Wie Wiederholungen gefallen
Wenn sie beim ersten Mal ein Wohlgefühl auslösen,
    das wir nicht gleich wieder vergessen
Gehören sie zu jenen Repetitionen, denen wir verfallen
Sie immer gleich Sucht zu nennen wäre nicht ganz
    angemessen

Meine Reim–Sucht hat durchaus Sucht–Charakter
Sie ist keineswegs immer originell
Besitzt jedoch diesen angenehmen Faktor
Wie ein Spiel – also unterhaltend zu sein.

Begleiten

Selbst–Erfreuen nenne ich dichten
Auf Gedichte zu verzichten
Trost– und freudlos wäre so ein Tag
Was immer die Zukunft bringen mag
Die Freude am Lesen und Schreiben
Wird mich immer auf dem Lebensweg begleiten
Und weil meine Freundin das Gleiche vom Malen
    sagen kann
Hat das Schicksal uns beschenkt – ein Leben lang.

Die Phantasie

Neugierig zu bleiben
Ein leben lang
Bedeutet weniger zu leiden
Sich nicht zu unterwerfen und ohne Zwang

Immer wieder zu fragen
Warum? – wie die Kinder
Nur zu klagen
Ist kein Leid–Überwinder

Ein Jeder kennt sie
Die Glücksmomente und ihr heilender Gehilfe: die Phantasie.

Bescheidenheit

Immer wieder gelingt es mir
Mich in gute Laune hineinzuschreiben
Nichts und Niemandem erlaube ich, sie zu vertreiben
Voraussetzungen sind – neben meinen Lieben – Natur,
    Tiere und ziemlich viel Papier

So ist das mit der eingebildeten Bescheidenheit
Immer ist sie auch eine Unverfrorenheit.

In höchster Not

Ein Alptraum ist es, in Wortlosigkeit abzustürzen
Denn Sprache in der Not ist Widerstand
Lässt sich endlos ausdehnen oder verkürzen
Provokant oder tolerant

Verliebte Chamäleons schimmern in Farbenpracht
So drücken sie Gefühle aus – Verwandlung als Mittel
    zur Macht

Manchmal strecken sie die Zunge heraus
Beim Insektenfangen hilft das durchaus

Bei Gefahr stellt sich das Chamäleon tot
Ist Sprachlosigkeit doch eher Widerstand in höchster Not?

Ohne Illusion

"Schreibt man denn nicht um sich selbst und die Welt
    besser zu verstehen" sagt Carlos Ruiz Zafón
Oder besser zu ertragen frage ich
Schreiben ist wie Flucht
Verändert das Lebensgefühl
wartet nicht auf die Zukunft
Beflügelt jetzt schon

Mit Hilfe von Wünschen, Vertrauen und Sprache die
    Situation verändert zu sehen
lässt andere Bedingungen als die vorgegebenen entstehen
Nicht nur beim Dichten nennt man das Fiktion
Unvorstellbar ohne Phantasie und Illusion.

Langweilen

Verwandelt zurückgeben – das ist Poesie
Sie darf übertreiben
In Inhalt und Form erfreuen oder leiden

Romantisieren
Idealisieren
Verkomplizieren
Provozieren

Vereinfachen
Wütend oder fröhlich machen
Unter Tränen lachen

Der Wahrheit hinterher eilen
Nur eines darf sie nicht: langweilen.

Tücken

In der diebessicheren Schatzkammer der Erinnerung
    bewahre ich sie auf
Meine Lieblingsgedichte
Manchmal gleichen sie dem Lebenslauf
Bei zufälligen Erinnerungslücken
erwischte ich mich bei der Einsicht: Auch Schatz-
    kammern haben ihre Lücken und Tücken.

Bei Trauer und Melancholie

Poesie lindert Seelen-Pein
Ist ein Heilmittel
Manchmal tröstet schon der Titel
Lockt Seelentrost an, wie Sonnenschein

An einem Erinnerungstag wie heute hilft vor allem Poesie
Auch Gebete sind nur wie Gedichte – Hilferufe bei
    Trauer und Melancholie.

Im Geheimen

Ein Reim–Tag
Wie er mir gefällt– im Geheimen
Schon am Morgen mag
ich nur da–sein und reimen

Die Meinung der Umwelt kenne ich
Handarbeit wäre auch notwendig
Die erledige ich am Abend– fein säuberlich
Der Morgen gehört dem Augenblick
Im Moment nenne ich das Glück.

Weggefährtin Melancholie

Schon am Morgen zu reisen – reiselustig
Ohne Pass und Gepäck – übermütig

Mit Ausblick in die Phantasie– und Erinnerungslandschaft
Als Bummelzug–Reisende, die es schafft

Neugierig an den kleinsten Stationen anzuhalten
Sich mit Mitreisenden auszutauschen, sie zu unterhalten
Beziehungsweise zu animieren, die Landschaft neu zu
   betrachten
Um erstaunt festzustellen und zu beachten:

Jeder Ausblick scheint neuen Einblick
In alte Erinnerungslandschaften mitzubestimmen, mit
   einem Schimmer von Glück
Wir können sie einsetzen– unsere Phantasie
Trauer und Freude begleiten sie
Mit ihrer Weggefährtin – der Melancholie.

Märchen

Sie waren nicht mitteilsam – heute Nacht
Die Traum-Geister, meine Geschichten-Erzähler
Ich habe den Verdacht
Sie fühlten sich bedrängt, keiner erzählt, wenn er

erzählen muss
Geschichten sind oft wie eine Liebelei
Wie ein Kuss
Beglückt mindestens zwei

Eine Kombination von Erlebtem und Phantasie
Die mir am besten gefallen, verwandele ich in Märchen
Meine Lieblingsgeschichten sind die
Die ein Happy-end verheißen: und wenn es nicht gestorben
    ist lebt es heute noch – das glückliche Pärchen.

Moment aufnahmen

Wie ein Aquarell ist ein Gedicht
Das Ineinanderfließen lässt neue Gebilde entstehen
Wie Wolkenformen verändern sie sich
Traum- und Monsterbilder tauchen auf und vergehen
Verwandeln sich
Prägen sich ein
Widersetzen sich
Lassen sich einfangen – wie Glücklichsein
Momentaufnahmen die zu Bildern werden oder zu
    einem Gedicht.

Das einfache Leben

Zu jeder Zeit
bin ich bereit
den Geschichten-Erzählgeistern meinen Stift zu leihen
Sie bitten darum und verzeihen
dem Aufschreib-Unwilligen nur dann
wenn er meint: dann und wann
würde er lieber in einigen Fällen
seine Dienste nur dann zur Verfügung stellen
Wenn Gedanken – wie in Wellen
einfach stranden und eine Geschichte ergeben
So unspektakulär wie "Das einfache Leben"*
Und doch den Leser verführen
Ihn trösten und bestärken, sich in seiner eigenen
Gedankenwelt zu verlieren.

---

* Ernst Wichert

Im Leben

Manchmal ist ein Gedicht
Wie eine Aufforderung mitzuspielen
Ohne Einladung erscheint es nicht
Aber dann sucht es sich unter vielen
möglichen Versionen
Gerade die aus, die in diesem Moment
verspricht, es werde sich lohnen
fast konsequent
den Augenblick festzuhalten
ihm eine Chance zu geben
ihn so zu gestalten
dass er beiträgt zu Gelassenheit im Leben.

Ohne Wind

Inkonsequent zu sein
Ist wie eine Inspiration
Wäre ich konsequent würde ein Reim
wie immer schon
mir nur zeigen
wie begrenzt Wort–Spiele sind
Aber Schweigen
wäre wie Sonnenschein – ohne Wind.

Ein Zwischenraum

Nicht immer nehme ich den Stift zur Hand
Beim Aufwachen – nach einem Traum
Später bereue ich das unter dem Vorwand:
Manche Träume sind nur wie ein Zwischen–Raum
Weder Wirklichkeit noch Fantasie
Aber gerade die
werden zu Lieblings-Geschichten
Denn ohne Zwischenräume lassen sich die schönsten
    Geschichten nicht spannend berichten.

Zum Lachen

Heute möchte ich Gott zum Lachen bringen
Ich erzähle ihm meine Pläne
Ich könnte sie auch meinen Lieben erzählen
Aber die würden nicht lachen
Und weil das Neue Jahr nicht mit guten Vorsätzen
sondern mit Lachen beginnen soll
halte ich mich an den Vorschlag von Blaise Pascal:
"Weißt du, wie du Gott zum Lachen bringen kannst?
Erzähl ihm deine Pläne."

Bereitschaft

Manchmal träume ich Gedichte
Und manchmal reimen sie sich sogar
Der nächste Traum macht sie wieder zunichte
Doch sie bleiben wahrnehmbar

Wie ein Geschenk ist so eine Traum-Gedicht-Nacht
Fast wie eine Liebes-Nacht
Planen lässt sie sich nicht
Vorhersehbar ist nur die Bereitschaft – für ein Gedicht.

Kunst

Was keinen praktischen Nutzen erfüllt
nennen wir Kunst
Sie entsteht aus der Beschäftigung mit uns
Ist mit Sinn–Suche und Neugierde angefüllt

Auch wenn wir es nicht Kunst nennen
hilft sie, uns und andere besser zu erkennen.

Es ergibt sich einfach nur

Mit Papier und Stift auf ein Gedicht zu lauern
Ist ein Morgenvergnügen wie es mir gefällt
Auch wenn es sich nicht einstellt, ist das Lauern nicht
    zu bedauern
Denn es ist Tell meiner selbstgewählten kleinen Welt

Die das Inselleben lebenswert macht
Rituale und die Wunder der Natur
Das Zusammenspiel ist nicht ausgedacht
Es ergibt sich einfach nur.

Im Nu

Mit Gedichten lässt sich oft Traurigkeit bannen
Sie lässt sich einfangen
Und mit ein wenig Geschick in Worten verstecken
Eingebunden in Buchseiten verlieren sie ihre Schrecken
Und wandeln sich in Melancholie
Die verschwindet zwar nie
lässt aber Glücksgefühle zu
Nur die verschwinden wieder – im Nu.

Nicht verzichten

Hin und wieder gefällt mir mein eigenes Gedicht
Laut sage ich das nicht

Wenn dann jemand meint
Sie hätte beim Lesen geweint

Weiß ich: so ist das mit dem Dichten
Wir lachen, weinen, dichten und wollen
    auf die Ursachen dafür nicht verzichten

Selbst dann nicht
Wenn sie uns wieder schmerzlich bewusst werden
    durch ein Gedicht.

Lernen

Was erzählenswert ist bestimme ich
Ob es gelesen wird steht in den Sternen
Entscheiden Sterne und Leser sich für mich
Erzähle ich weiter, aus Zuwendung will ich lernen.

Poesie des Herzens

Bar jeder Regel, jeder Vernunft
so liebe ich das Gedicht
Nur der Rhythmus muss stimmen und was Wieder-
    holungen betrifft:
Ein Vergissmeinnicht
Wie ein Reim
Poesie des Herzens soll er sein.

Gedanken–Umwandlung

Wenn Gedanken Gestalt annehmen
In Bildern oder Gedichten offenbar werden
Gelingt es uns manchmal, ihre Düsternis zu bezähmen
Sie umzuwandeln und neu zu bewerten

Auf dem Umwandlungsweg tauchen neue Wahr-
    nehmungen auf
Laden ein zum Verweilen
Nehmen Hemmnisse, Hindernisse in Kauf
Und schenken zuweilen

Eine Stimmung der Gelassenheit und Zuversicht
Eine sorglose Konzentration
Ohne das Damokles–Schwert Pflicht
Das alles und mehr erzeugt die Verwandlung in ein Gedicht.

Immer wieder schreiben

Was heißt hier autobiographisch
Jede Autobiographie liest sich wie ein Märchen
Ist immer ein Gemisch
Von Fakten und Erdichtung und– falls in Versen

Eine spielerische Kombination
Erfindung und Wirklichkeit
In den meisten Fällen spannender als Fiktion
Und immer wieder eine Möglichkeit

Zu variieren
Das nennt man Roman
Und wenn man Knausgard heißt muss man sich nicht genieren
Auch Bestseller verfolgen nicht unbedingt einen Plan

Um im Gedächtnis ihrer Leser zu bleiben
Sie müssen vor allem eins: immer wieder schreiben.

Wenn sie verklungen sind

Mir werden nicht die Worte geschenkt
Um eine lange Geschichte zu erzählen
Meine Sprache ist beschränkt
Mein Geist chaotisch, lässt sich nicht befehlen

In der Poesie fühle ich mich zu Hause
Sie lässt den Gedanken freien Lauf
Die Klangwellen breiten sich aus
Wenn sie verklungen sind, höre ich einfach auf.

Recht–Haben–Geschichten

Unverbesserlich
Und so möchte ich bleiben
Nach wie vor bei Lust ein Reim-Gedicht
Für meine Enkel oder um Unlust zu vertreiben
Ein Freund meint, wichtiger sei es, Efeuhecken zu
    beschneiden
Fügt nachsichtig hinzu, schließlich kann man nicht
    immer dichten
Recht hat er, und so reime ich Recht-Haben-Geschichten
Andere dichten Memoiren
Auch sie hätten vielleicht besser Efeu beschnitten
Aber was tun wenn keine Hecken da waren
Dafür aber massenhaft Memoiren-Käufer
Und literarisches Personal, das sie verkauft – mit
    schönen Titeln, wie zum Beispiel "Strandläufer".

Eine Heilerin

Wenn sich wieder einmal nicht vorhandener Mut
In stets vorhandene Wehmut verwandelt
Hilft Poesie
Sie ist eine Verwandlungskünstlerin
"Niemals Kunst um der Kunst willen" sagt D.H. Lawrence
Sie ist nicht vorausberechenbar, sie entsteht
Sobald du dich auf sie einlässt
Führt sie dich in neue Zonen und Regionen
Worte verändern ihren Sinn
Neuer (Un)Sinn bahnt sich seinen Weg
Lässt unbekannte Zusammenhänge erkennen
Schafft Zugang zu unerforschten Räumen
Poesie ist eine Verwandlerin – eine Heilerin.

Wortflut

Geschichten verwandeln sich
Geschichten verwandeln mich
Es sind die alten Geschichten
Unabhängig von Raum u. Zeit
Neu zusammengefügt, im Traum verzichten
sie auf Freudlosigkeit, auf Schwermut
Und flüchten sich
in den Schutz von Gedichten
Eine selbstgewählte Form im Chaos der sinnlosen Wortflut.

Schicksals–Seitensprung

So sind sie – die alltäglichen Geschenke
Ein Gedicht von Ramón Juan Jiménez:
"Ich weiß nicht, wie ich vom heutigen Ufer
ans Ufer von morgen gelangen soll
Der Fluss entführt inzwischen
die Wirklichkeit dieses Abends ins Meer ohne Hoffnung"
Ich hätte geschrieben: ins Meer voller Hoffnung
Das ist, was ich heute denke
Morgen folgt ein anderer Schicksals-Seitensprung.

Spielraum

Heilsam ist das Dichten
Es zwingt zur Konzentration
Auf andere Zwänge kann Dichten verzichten

Hilfreich bei Gedankenspielen
Und all den vielen Möglichkeiten
Auch die, lästige Mitspieler zu vertreiben

Einen Spielraum zu haben ganz für sich allein
Ist das Schönste an einem Reim.

Gnadenfrist

Alles in der Kunst ist schon einmal dagewesen
Eine Auswahl liegt in unserem Ermessen

Wir entscheiden uns für Krieg oder Frieden
in unserer kleinen Welt – zufrieden

sind wir nur dann
wenn irgendwann

Liebe und Dankbarkeit unsere Wegbegleiter werden
Einst waren Lamentationen und Beschwerden

Die Wahrnehmung von Fanatismus und Wahn
Einfluss hat der, der Vertrauen hat und über sich selbst
    lachen kann

So simpel scheint das Da–Sein zu sein wenn in manchen
    Augenblicken
die Welt in Ordnung ist
Ich nenne das Glück und hoffe auf eine Gnadenfrist

"Dein Auge kann die Welt trüb oder hell dir machen
Wie du sie ansiehst, wird sie weinen oder lachen."*

---

*   Friedrich Rückert

Klagegeister

Trauern heißt Lieben
Mit Hilfe der Poesie wird Trost aus Klagen
Wehmut und Schmerz sind geblieben
Doch wenn aus Weh-Mut Mut weht, können wir es wagen

uns zu versöhnen
Uns selbst und anderen zu verzeihen
Neue Wege zu beschreiten auf denen
wir uns befreien

Von den Klage–Geistern
Mit Hilfe der Poesie ist das Schicksal zu meistern.

Die Sehnsucht bleibt

Erzwingen lässt es sich nicht – das Dichten
Es ist ein wenig wie sich–verlieben – ein Wahrnehmungs-
Fest

Bereit zu sein für eine dieser erfundenen oder romantischen
Geschichten
Die, erdichtet oder erlebt, das Herz höher schlagen lässt

Nicht immer stellt Sprache die geeigneten Hilfsmittel bereit
Doch die Sehnsucht, Stimmungen in Geschichten fest-
zuhalten, bleibt.

Alle hellen Träume

Manchmal begegnet mir schon am Morgen ein Gedicht
Wie eine Freundin, die ich seit langem kenne
Es begrüßt mich liebevoll
Verschönert mir den Tag:
"Ich weiß, dass ich Stamm vom Baum der Ewigkeit bin...
Alle hellen Träume sind meine Vögel"*

---

*   Juan Ramón Jiménez

Von den guten Geistern

Oft genügt ein Zitat
Um eine Tagesstimmung festzuhalten
Die damit verbundenen Gedanken sind wie ein Substrat
und dem daraus entstehenden Verhalten:

In Kontakt zu bleiben mit den Menschen in unserem Leben
die für uns die prägenden waren
Uns Lebensmut gaben und immer noch geben
Uns vor Verzweiflung bewahren

Uns helfen unser Leben zu meistern
Wir werden beschützt von den guten Geistern
"Es ist schwer sich einen Menschen, den man gut
gekannt hat, tot vorzustellen, bloß weil er gestorben ist"*

---

*   Martin Walser

Trostspender

Gegen Traurigkeit kämpft Schreiben
Das weiß ein jeder
Wenn Geschichten die Wehmut vertreiben
Ist immer Phantasie und Hoffnung im Spiel – entweder
wir leiden und vermeiden das Hoffnungsspiel
Oder wir setzen uns zur Wehr
Ein Gegenmittel ist Dichten – manchmal hilft auch
ein anderer Trostspender – das Meer.

Arrogant

Nur dasitzen und dichten
Ein beneidenswerter Zustand
Alle Welt liebt es, Horrorgeschichten zu berichten
Kritik, Larmoyanz – das ist interessant

Wie kannst du von Glück und Zuversicht erzählen, wie
    egoistisch
Wie unzeitgemäß, altmodisch, anachronistisch

Mir hat es das Leben gerettet, folglich propagiere ich es
    – geradezu unausstehlich
Und zitiere penetrant
Selbst Kant:
"Das Glück gehört den Selbstgenügsamen"
So sind sie, die Dichter: nervig, sentimental und arrogant.

Mühelos

Wenn ich sie aufschreiben würde, die Ergebnisse, nach
    jedem Gedanken–Spiel
Würde das Arbeit ersparen – ziemlich viel
Es würde Ordnung herrschen, auf dem Spiel-Tisch
Auf dem ordentlich die Schreibmaschine steht
Leider ist Ordnung selten malerisch
ein Feind der Phantasie, kein Poet
war Ordnungsfanatiker
und daher
herrscht weiter Chaos
im Gegensatz zu Ordnung – mühelos
Nicht jede Chaotin bildet sich ein
zusätzlich auch Poetin zu sein.

Versprechen

Woher kommen sie – die Worte?
Wir erben sie
Setzen sie als Helfer ein
Vertrauen ihnen unsere Gedanken an
Lassen zu, dass sie unsere Geheimnisse verraten
Uns in Bedrängnis bringen in eine Phantasiewelt
Und manchmal – in großer Not –
versprechen sie uns, bei uns zu bleiben
bis zu unserem Tod.

Acht–sam

Achtmal musst du mit mir das Gedicht-Labyrinth
    durchwandern
flüsterte mein Traum-Geist heute Nacht
Ist sieben nicht die magische Zahl – warum acht?
Ich, die Acht, bin nicht wie alle anderen

Mein Traum–Symbol ist die Eigenständigkeit
Achtsam sollst du werden and sein
Liegend bedeute ich Unendlichkeit
Danke lieber Traum-Geist, mit der Acht im Labyrinth
    fühle ich mich nicht allein.

Überlebens–Spielraum

Wie ist es erfreulich – das Fabulieren
Innerhalb des Spielraums – die Grenzen sind dehnbar
Auf dem langen Weg ist mitspielen wie ausprobieren
Spielregeln befolgend auf dem Flug zu Zielen – wie bei
    einer Vogelschar

Jeder Einzelne ist ein fliegender Star
Zusammen sind sie ein Wunder der Natur
Ohne einander wäre ihre Reise in die andere Welt
    unvorstellbar
Der Überlebens-Spielraum ist größer im Schwarm,
    nicht in der Literatur.

Solange sie anhält

Die Lust zu malen zu reimen
ist wie die Lust zu träumen
Immer wieder erscheint sie
Kümmert sich wenig um Fakten
Flirtet mit Fiktionen und Phantasie – und wie
Liebäugelt mit zweifelhaften unrealistischen Kontakten
Solange es ihr gefällt
Das Wort Zwang kennt sie nicht
Leider fehlt ihr auch die Vorliebe für Geld
Und so versteckt sie sich in ihrer eigenen Welt
Solange sie anhält – die Zuversicht

Sucht

Sprache ist wie ein Haus
Ein Zufluchtsort
der Schutz bietet – tagein, tagaus
Träume entstehen lässt – wie ein Zauberwort

Eintretende genießen Gastfreundschaft
vorausgesetzt sie achten Grundregeln und Eigenart
Schätzen den Komfort, der Zuneigung schafft
Fühlen sich zuhause in seiner Gegenwart

"Sprache als Haus des Seins"* bietet auch außerhalb der
    hohen Philosophie Zuflucht
für den, der im Sprach–Haus Schutz sucht.

---

* Heidegger

Wenig Applaus

Geschichten erzählen hilft beim Verhandeln
Zu jeder Zeit sind wir bereit
Unliebsames in Geschichten zu verwandeln
Geschichten lindern Streit

Erleichtern es, Zugeständnisse zu machen
Spielen mit der Zuhörer–Gunst
und der Lust über sich und andere zu lachen
nehmen sie in Anspruch – die Rede–Kunst

Geschichten–Erzähler setzen Zuhörer voraus
Die spenden bei einem fehlenden happy–end oft
    wenig Applaus.

Keine Zeit

Mit dem Stift in der Hand sie einzufangen – die entwischten
in der Nacht in Träumen entstandenen Phantasien und
   Geschichten

ist immer wieder ein Morgen–Vergnügen
das dazu beiträgt, die Nacht–Dämonen zu besiegen

eher zu vertreiben – für eine gewisse Zeit
Sie lauern in ihren Verstecken und sind stets bereit

unerwartet einzudringen, ihn infrage zu stellen
den sogenannten freien Willen, der in Ausnahmefällen

entschwindet – wie der nächtliche Traum
dann versucht der Verstand, ihn wieder mit Hilfe von Sprache
   zurückzuführen in die reale Welt von Zeit und Raum

an einem Tag von 6.400.099.980 (sechs Milliarden
   vierhundert Millionen neunundneunzigtausend
   neunhundert und achtzig) Augenblicken, wie man
   ausgerechnet hat
Klingt nach unendlich viel und ist doch nur ein Tag

Ein Augenblick in der Ewigkeit
in der es keinen Raum gibt und keine Zeit.

Ein Tyrann

Die Kunst mit der Weiter–Leselust des Lesers zu spielen
muss jeder, der schreibt, beherrschen
Kunst ist was gefällt, unabhängig von anspruchsvollen Zielen
die Kunstkritiker verfolgen, sie verbreiten Märchen
von den Weltverbesserungs-Beweggründen
Wir lieben Kunst weil wir in und mit ihr finden
was die Wirklichkeit uns nicht bieten kann
Der Kunstkritiker will die Kunst beherrschen – aus dem
    Bewunderer wird dann ein Tyrann.

Teil der Tages-Imagination

Ohne ein Morgen-Gedicht
liegt die Welt noch im Schlummer
ohne Intuition und Sonnenlicht
breitet der kleinste Kummer
seine Flügel aus
Dann wird die Flugroute sanft geleitet
Sie verlässt das Waldhaus
Von Phantasien begleitet
Sie leben in der Illusion
den weiteren Ablauf zu beeinflussen – Teil der Tages-
Imagination.

Nur ein Schimmer

Schon in der Kindheit lieben wir Reimgedichte
Sie sind oft wie Gebete
Nisten sich im Gedächtnis ein
Erzählen eine Geschichte
Die vom Glücklich– oder Unglücklich–Sein
Und dem lieben Gott
Der am Anfang war – wie das Wort
Der hilft, oder auch nicht
Gebete und Gedichte helfen immer
Sie sind wie Sonnenlicht
Manchmal genügt schon ein Schimmer.

Lebensgeschichten

Wenn Geschichten–Schreiben eine Lebenshilfe wird
ist das kein Zeitvertreib

Vielleicht ist es ein Zeichen und du hast dich nicht geirrt
Wenn die Freude an Geschichten dir Mut macht und
      sagt: Bleib
bei denen, die schon immer in Geschichten Trost fanden
Kummer und Leid mit ihnen überstanden

Nehmt mich auf in euren Kreis ihr Erzähler und Dichter
Ich fühle mich geborgen in eurer Welt der zum Teil
      erfundenen Bösewichter

"Literatur ist Autobiografie für Fortgeschrittene" meinte
      Saul Bellow
So sind sie, die Dichter, die Schreiber
Sie geben einfach ihre Lebensgeschichte – abgewandelt
      – weiter.

Neue Wege zu gehen

Wer liest der schreibt
Wer schreibt der bleibt
im Gedächtnis der Lesefreudigen
die auch in den heutigen
hektischen Zeiten
mit einem Buch in der Hand hinüber gleiten
in die Welt der Märchen und Geschichten
die vom Glück oder Unglück anderer Lebewesen berichten
und auf der Suche nach dem Lebenssinn verstehen
wollen woher wir kommen, wohin wir gehen
warum wir Gedichte schreiben müssen um uns selbst
    zu verstehen
Und manchmal tragen die Gedichte dazu bei, neue
    Wege zu gehen.

Es muss nicht immer ein Reim sein

Mit Wörtern tanzen ist ein Genuss
Wunsch und Rhythmus werden zu einem Gedicht
Wie bei einem Kuss
entscheidet nicht die Absicht
über das Zusammenspiel
zu erzwingen ist es nicht
Es geschieht – einfach so –
macht lebendig und froh
Wie Sonnenlicht

Es muss nicht immer ein Reim sein
Aber ein Gedicht, dessen Titel hält, was er verspricht.

Imagination

Man kennt den Anfang,
doch nicht wie es endet
Die Gedanken wandern am Klang entlang
und manchmal ändert

sich der Ton in Sekunden
lässt unerwartete Klangfülle zu
das ist dann so als vergingen Stunden
im Nu

in denen der Laut der Stille die Zeit anhält
Gedichte sind wie Meditation
entführen in einen anderen Zustand, eine andere Welt
die der individuellen Imagination

und manchmal sind sie ein Chamäleon oder ein Stimmungs-
    barometer
dann ist es beim Dichten, wie Hesse erkannte und es
    ungereimt beim Namen nannte:

"Das Machen schlechter Gedichte ist noch viel
beglückender als das Lesen der allerschönsten."

Mein Element

Wenn ich mitten in der Nacht
zu Stift und Papier greifen muss
Ist das Aufgeschriebene nicht ausgedacht
Es ist wie ein Gruß

aus der Vergangenheit
Sie ist mein Element
Tagsüber nur Teil des Ganzen – trotzdem eine Einheit
die zusammenhält

Die unwiderruflich zusammergehört
Nur die Nachtgeister wirbeln sie durcheinander
Sie sind es wert
ihre Einflüsterungen festzuhalten um miteinander

bereit zu sein für den neuen Tag––unvorhersehbar
der sich als Geschenkperle einfädelt in die Vergangenheits-
    schnur
Unverwechselbar
War es am Ende vielleicht nur
wie ein Wimpernschlag des Auges der Natur?

Eine Lebens-Künstlerin

Mit dem Schreiben lebe ich wie ich vorher mit dir lebte:
voller Selbstzweifel
ich klammere mich oft an den Reim
wie ich mich an dich klammerte
dabei komme ich sehr gut ohne ihn aus
aber auskommen allein ist mir zu wenig
ich schätze die Herausforderung
die Improvisation
das Spiel mit Worten
die damit verbundene Intonation
die Leichtigkeit des Memorierens
Ausprobierens
ich liebe den Doppelsinn
alles Weiblich im IN
weder im Zusammenleben noch in der Sprache einer
    Dienerin

In Gedichten fühle ich mich daheim
Die Kunst besteht darin, nicht einsam zu sein mit ihnen
    allein

Das ganze Kunst zu nennen käme mir nicht in den Sinn
wenn ich das wäre, was ich gerne sein würde:
eine Lebens-Künstlerin.

Ein Possibilist

Wenn ein Gedichtband abgeschlossen ist
ist die Zeit ähnlich der
in der das Kind das Elternhaus verlässt und vermisst
So viele Gewohnheiten gibt es nicht mehr

Und jetzt? Wird es seinen Weg gehen
Die Herzen einiger Menschen gewinnen
Werde ich mir zutrauen und eingestehen:
Kann ich wieder Neues beginnen?

Alte Fehler unterlassen
Neue Wege gehen
Bekannte geliebte Pfade verlassen
Statt in die Vergangenheit in die Zukunft sehen?

Eines wird bleiben
wie es immer gewesen ist
Die Lust am Schreiben
Und der Wunsch, bleib wie du bist

Kein Optimist aber ein hoffnungsvoller Possibilist
der über sich selbst lachen kann
Nicht immer, nur wenn die klugen Lebensgeister meinen
Lachen sei besser als Weinen.

Alphabetisches Verzeichnis der Titel

A

B

D

W

Z

Zur Autorin

Marianne Hartwig wurde im Hunsrück geboren und verbrachte dort ihre Kindheit und frühe Jugend.

Sie betätigte sich u.a. als Designerin, Antiquitätenhändlerin in London und Hamburg. Als Kunsthandwerkerin entwarf sie bildhafte, textile Arbeiten und präsentierte sie zehn Jahre lang auf der Internationalen Frankfurter Messe. Parallel war sie Mitbegründerin einer Hamburger Literaturgruppe und nahm an Lesungen teil, auch innerhalb des Hamburger „Literatrubel" in den 1980er Jahren.

Verheiratet, bis ihr Mann 2009 unerwartet starb, hat sie einen erwachsenen Sohn und lebt mit ihren Katzen vorwiegend auf Ibiza. Sie pendelt jedoch zwischen neuer und alter Heimat, dem Hunsrück, den sie ebenso liebt.

Seit mehr als 35 Jahren schreibt sie vor allem Gedichte und Erzählungen.

Bisher von ihr erschienen:

Wie Sand am Meer: Freud und Leid Gedichte (BoD, Norderstedt, 2009), 192 S., broschiert, ISBN: 9783839111604

Sucht und Sehnsucht: Mit dir und ohne dich (BoD, Norderstedt, 2010), 308 S., brochiert, ISBN: 9783842331402

Balanceakt: Nach der Zeit zu zweit (BoD, Norderstedt, 2011), 199 S., broschiert, ISBN: 9783842383005

Ein Hauch von Zuversicht (BoD, Norderstedt, 2012), 236 S., brochiert, ISBN: 9783848225712

Daheim: Eine ungereimte Kindheit (BoD, Norderstedt, 2014), 288 S., brochiert, ISBN: 9783735756305

Weniger, aber Meer: Von der unerreichbaren Gelassenheit auf Ibiza (BoD, Norderstedt, 2015), 240 S., brochiert, ISBN: 9783734771521

Mutwillig: Von Leicht-, Froh- und Unsinn (BoD, Norderstedt, 2016), 212 S. brochiert, ISBN 978-3-7412-6198-5